KB081012

지능형 클라우드 애플리케이션 구축

지능형 클라우드 애플리케이션 구축

Azure 서버리스 아키텍처를 활용한
확장성 있는 AI 모형 개발하기

비센테 헤레라 가르시아 · 존 빅스 지음
우병오 · 우요셉 옮김

i!i
에이콘

에이콘출판의 기틀을 마련하신 故 정완재 선생님 (1935-2004)

지은이 소개

비센테 헤레라 가르시아^{Vicente Herrera García}

소프트웨어 및 웹 개발 경험이 많은 소프트웨어 엔지니어다. 세비야대학교^{University of Seville}에서 컴퓨터과학 석사 학위를 취득했고 기술, 비즈니스 및 재무 목표를 달성하기 위해 클라이언트와 협력하고 있다. 공정을 개선하고 생산성 수준을 향상시키며 제품 개발을 강화하는 새로운 방법론을 도입하는 데 능숙하다. 공인 전문가 수준의 스크럼 마스터^{Certified Expert Level Scrum Master}로 스크럼 매니저^{Scrum Manager}에서 인증 강사 및 심사관으로 활동하고 있으며 세비야대학교 및 기타 민간 기관에서 소프트웨어, 웹 개발 및 프로젝트 관리를 가르치고 있다.

존 빅스^{John Biggs}

창업가, 컨설턴트, 작가, 제작자다. 15년간 기즈모도^{Gizmodo}, 크런치기어^{CrunchGear} 및 테크크런치^{TechCrunch}의 편집자로 근무했고 하드웨어 스타트업, 3D 프린팅 및 블록체인 분야에 관련된 배경 지식을 보유하고 있다. 작품은 「맨즈헬스^{Men's Health}」, 「와이어드^{Wired}」 및 「뉴욕타임즈^{New York Times}」 등에 실리기도 했다. 더 나은 미래에 관련된 Technotopia라는 팟캐스트를 운영하고 있다. 블로그를 다룬 책인 『Bloggers Boot Camp』(Focal Press, 2011)와 가장 비싼 시계를 다룬 책인 『Marie Antoinette's Watch』(CreateSpace, 2015)를 포함해 총 다섯 권의 책을 썼다. 뉴욕주 브루클린에 살고 있다.

옮긴이 소개

우병오(mrdantzig@gmail.com)

서울대학교와 동 대학원에서 산업공학을 전공했고 대우그룹 연구원을 시작으로 Oracle, SAP, HP, AMAT 등 세계적인 IT 기업에서 29년간 컨설팅 및 기술 영업 업무를 담당한 소프트웨어 전문가다. 2016년에 (주)틴드럼시스템즈를 창업해 클라우드/서비스형 소프트웨어Software-as-a-Service, SaaS, 인공지능Artificial Intelligence, AI 및 사물인터넷Internet of Things, IoT 분야의 신기술을 국내에 활발히 소개하고 있다.

우요셉

현재 세종대학교 전자정보통신공학과에 재학 중인 학생이다. 논리 회로, 전기/전자 회로 과목을 좋아하며 온라인 게임을 즐긴다. 대학 입학 후 경험삼아 응시한 첫 TOEIC 시험에서 970점을 기록했다. 반도체와 AI 융합 기술 분야에서 연구원이나 학자가 되고자 이 분야의 신기술을 관심 있게 공부하고 있다.

옮긴이의 말

"이세돌, 알파고 패배 충격으로 은퇴"

"이세돌의 은퇴를 부른 AI"

"1인자의 자긍심을 꺾은 AI…. 은퇴 앞당긴 이세돌"

프로바둑 기사인 이세돌 9단이 은퇴한다는 뉴스가 2019년 11월 마지막 주의 헤드라인을 장식했다. 조훈현, 유창혁, 이창호 등 선배 국수에 이어 대한민국 바둑계의 자존심을 지켜온 이세돌 9단이 알파고에게 패한 충격으로 프로바둑계를 은퇴한다는 기사들이다.

3년 전 알파고에게 패한 충격이 30대의 이세돌 9단이 프로바둑계를 떠나는 큰 이유 중 하나인 모양이다. 이 기사들을 보고 2016년 봄에 개최된 구글 딥마인드 챌린지 매치^{Google Deepmind} ^{Challenge Match}를 떠올린 독자가 많을 것이다. 이 대회는 이세돌이 승리할 것이라는 예상을 깨고 구글 딥마인드^{Google Deepmind}의 AI 바둑 프로그램인 알파고^{AlphaGo}가 제4국을 제외하고 모두 이겨 전 세계를 놀라게 했던 세기의 대결이었다.

이제까지 듣도 보도 못한 AI 소프트웨어가 바둑의 최고수를 내리 이긴 이 대결은 대한민국에 큰 충격을 안겨줬고 온 국민이 AI에 관심을 갖게 된 계기가 되기도 했다. 이 대결 직후에 쏟아진 뉴스와 사설을 살펴보자.

"[알파고 충격] AI, 마침내 인간을 넘어서다."

"알파고 충격에서 배워야 할 교훈"

"알파고 충격 AI 시장 들썩, 아직 갈길 먼 한국 AI"

"'충격 3연패' 인간대표 이세돌, 알파고에 '무릎'…IT강국 한국 비상"

"'알파고' 충격…한국의 AI 수준은?"

'충격'이라는 단어가 대부분을 차지하고 있다. 이 충격으로 'IT 강국'이라는 명성이 허울일 뿐이라는 반성이 쏟아져 나왔고 AI에 대한 관심이 폭발적으로 증가했다. 이 행사가 대한민국 IT 기술의 현재를 되돌아보고 미래의 전략을 일정 부분 수정하게 된 중요한 동인이 됐다고도 한다. 정부, 학계 및 IT 업계가 늦게나마 AI를 4차산업혁명이나 디지털 트랜스포메이션^{Digital Transformation}의 핵심으로 보고 앞다퉈 육성에 나섰다는 점은 매우 긍정적인 변화라 할 수 있겠다.

이런 반성과 변화가 'AI' 분야에서만 나타난 것은 아니다. 'IT 강국'이라는 자만과 반도체나 모바일 기기 등에서 최고의 기술로 전 세계 IT 산업을 이끌고 있다는 착각에 뒤쳐져버린 '클라우드^{Cloud}' 분야도 마찬가지다.

대한민국의 클라우드 정책순위가 상당히 뒤쳐졌고(http://www.ciokorea.com/t/32/14766/37484), 클라우드나 AI 등 사업 접목 및 '디지털 전환' 속도가 늦으며(https://www.hankyung.com/it/article/2019070134611), 기업용 클라우드 서비스 사용률이 OECD 회원국 중 최하위권(http://www.dt.co.kr/contents.html?article_no=2017103102109960041001)이라는 국내외의 지적이 이어졌다. 클라우드 벤더에 대한 종속성, 데이터 보안, 클라우드 데이터센터 현지화, 국내 IT 산업 보호 장벽 등 여러 가지 이유로 클라우드 도입이 늦어지면서 따끔한 지적들이 이어졌다.

그러나 이렇게 클라우드 확산이 지연되는 중에도 긍정적인 변화가 관측되고 있다. 삼성SDS, LGCNS, SKC&C 등 재벌그룹 IT 자회사가 과점하던 IT 업계의 판도를 클라우드 분야에서 성장한 신생 업체들이 뒤흔들고 있다. 창업 3년만에 연 매출 1000억을 돌파한 베스핀글로벌과 웹 에이전시에서 연매출 4,000억원을 전망하는 강자로 성장한 메가존이 그 주역들이다. 대기업 IT 자회사들이 온프레미스^{On-Premise} 시장에서 모기업들의 IT 수요를 독점하다시피 하며 안주하고 있는 사이에 이들 신생 업체는 AWS^{Amazon Web Services} 등이 주도한 클라우드 시장의 추세를 미리 내다보고 클라우드 관리 서비스^{Cloud Managed Service} 분야에서 급성장했다. 국내외 대형 투자기관들이 이 두 회사에 수백 억원씩 투자한 것을 보면 클라우드 분야가 이미 IT

산업의 대세로 자리잡았다는 것을 증명한다고 볼 수 있겠다.

그렇다면 이렇게 'AI'와 '클라우드' 기술로 촉발된 IT 업계의 판도 변화가 일선 응용프로그램 영역에서는 어떻게 전개될까?

아마도 AI를 클라우드 환경에서 구현하는 손쉽고 값싼 방법이 응용프로그램 구축 영역에서는 가장 현실적인 접근법이 될 것이다. 특정 환경에 종속되지 않는 컨테이너^{Container} 및 서버리스 컴퓨팅^{Serverless Computing} 기술을 적용해 머신러닝^{Machine Learning}이나 딥러닝^{Deep Learning}을 클라우드 환경에서 구현하는 것이 그것이다.

AWS, Microsoft Azure, GCP^{Google Cloud Platform} 등 클라우드 서비스에서 제공되는 다양한 AI 기술들을 활용해 기존 또는 신규 응용프로그램의 기능을 쉽게 확장할 수 있게 될 것이다. 즉, 대형 선도 업체들이 알파고나 왓슨^{Watson} 같은 엔진이나 이미지 인식, 음성 인식 및 분류 등과 같은 사전 훈련된 모형을 클라우드 환경에서 서비스하면, 응용프로그램에서는 이들을 API로 간단히 호출함으로써 AI가 기능이 부가되는 것이다.

이 책은 Microsoft의 Azure 클라우드 환경에서 AI 응용프로그램을 서버리스 컴퓨팅 방식으로 구축하고 배포하는 방법을 안내하는 실무 지침서다.

클라우드 공급자인 Microsoft Azure가 서버를 실행하고 리소스를 관리하므로 프로그래머는 응용프로그램의 비즈니스 논리 및 기능에만 집중하면 된다. 이 실무서에서는 프로그래머가 Microsoft Azure에서 서버리스 아키텍처를 사용해 확장성 있는 머신러닝 및 딥러닝 모형을 구현하고 배포하는 방법을 제시한다. Azure 환경을 처음 접하는 프로그래머들에게 Azure 계정을 개설하고 Azure에서 제공하는 다양한 AI 기능을 함수 앱 형태로 호출해서 응용프로그램에 적용하는 방안을 다양한 예제와 함께 안내한다.

기온이 영하 10도로 내려간 2019년 12월 어느 날 용인 법화산 자락에서

우병오

차례

1부 – 클라우드 기반 개발

1장   클라우드에서의 머신러닝과 딥러닝 모형   23

2장   서비스형 함수와 이벤트 기반 프로그래밍   39

3부 – 배포 및 지속적인 제공

들어가며

지난 몇 년 동안 응용프로그램을 생각하는 방식이 크게 바뀌었다. 제품이 글로벌 수준으로 확장되면서 개발자들은 이를 따라잡기 위해 열심히 노력했고 복잡한 클라이언트–서버 시스템을 뒤로 한 채 새로운 패러다임을 만들었다. 그 결과물인 시스템을 서버리스 응용프로그램 serverless applications이라 하며 바로 이것이 이 책의 핵심이다.

응용프로그램은 대부분 컴퓨팅 자원, 데이터베이스 및 하드웨어가 필요하다. 예를 들어 장고Django로 된 프로그램은 코딩된 환경과 비슷하거나 더 뛰어난 환경에 배포될 것이라 가정한다. 또한 프로그램이 항상 동작하고 자원을 사용하는 만큼 비용이 청구된다고 가정한다.

서버리스 프로그램은 본질적으로 인프라 관리가 필요 없는 시스템이고 프로그래머가 프로그램의 비즈니스 논리나 기능에 집중할 수 있게 해준다. 이것은 프로그램 설계 부문의 대담한 변화라고 할 수 있으며 시간이 지날수록 점점 더 인기를 끌고 있다. 이 모델의 의미를 제대로 파악하려면 함수형 프로그래밍의 기초가 되는 기본 사상을 이해해야 한다. 이것은 2장, '함수 서비스 및 이벤트 기반 프로그래밍'에서 검토한다.

지능형 서버리스 응용프로그램

'AI'와 '머신러닝'이라는 용어에는 많은 의미가 담겨 있다. 이 책에서는 사람이 컴퓨터의 도움 없이는 감지하기 어려운 큰 데이터 집합에 숨겨진 유형을 찾기 위해 알고리즘을 사용하는 방법에 초점을 맞춘다. 알고리즘이 매번 수행될 때마다 성능을 향상시키는 데는 여러 설정 방법이 있는데, 이것을 머신러닝^{machine learning}이라고 한다. 서버리스 응용프로그램과 함수형 프로그램은 이런 시스템을 탐색하는 데 도움을 준다. 이 책에서는 서버리스 아키텍처를 사용해 머신러닝 응용프로그램을 작성하는 방법을 배운다.

이 책의 구성

Microsoft의 클라우드 플랫폼인 Azure[1]에 초점을 맞춘다. 이 책에서 설명하는 개념은 보편적이지만 예제에서는 Azure에서 구현하는 방법을 따른다.

이 책은 3부로 이뤄져 있으며 총 8장으로 구성돼 있다.

1부, '클라우드 기반 개발'에서는 '서버리스 응용프로그램'에 관련된 아이디어를 제시하고 이벤트 기반 앱이 클라우드에서 호스팅되는 독립형 함수 호출을 이용해 어떻게 구축되는지 설명한다. 또한 로컬에서 실행되는 프로그램과 클라우드 기반 머신러닝 및 데이터 취급 서비스 사이의 인터페이스인 API를 설명한다.

2부, '지능 추가'에서는 데이터의 역할과 프로그램에서 데이터를 사용할 수 있게 해주는 방법을 설명한다. 클라우드 기반 응용프로그램에서 '지능'의 본질은 다양한 머신러닝 기술과 모형을 사용해 대용량 데이터 집합을 조사하는 데서 시작된다. 이때 자신의 모형을 스스로 구축할 필요는 없고 어느 모형이 해결하고자 하는 문제를 가장 잘 설명하는지만 이해하면 된다. 즉, 함수가 이미 작성됐으므로 언제 어떻게 적용하는지만 이해하면 되는 것이다.

3부, '배포 및 지속적인 제공'에서는 신뢰할 수 있고 비용 효율석이며 안전하고 테스트할 수 있는 방식으로 서버리스 응용프로그램을 세계에 출시해 성능을 모니터링하고 지속적으로 개선하는 방법을 설명한다.

---

1   Microsoft가 제공하는 클라우드 컴퓨팅 플랫폼 및 인프라 서비스 - 옮긴이

이 책의 대상 독자

머신러닝의 시각으로 함수형 프로그래밍에 익숙해지고자 하는 숙련된 프로그래머를 위한 책이다. 앞에서 말했듯이 이 책은 시스템을 개발하는 데 Microsoft의 Azure 플랫폼과 기본 프로그래밍 언어로 Python을 사용한다.

이 책의 목표

이 책을 마치고 나면 머신러닝과 관련된 Azure의 서버리스 프로그래밍에 능숙해질 것이다.

코드 예제에서 Python 사용

이 책의 예제는 Python 3.6으로 작성됐다. Python은 런타임, 컴파일러 및 모든 운영체제에서 사용할 수 있는 도구를 갖춘 오픈소스 언어로, Azure 플랫폼과 함께 사용하기에 적합하다. Python은 객체지향 및 함수형 패러다임을 구현할 수 있고 다양한 오픈소스 라이브러리를 사용할 수 있기 때문에 머신러닝 프로젝트에 주로 사용된다. JavaScript나 Clojure 같은 다른 많은 함수형 언어 또한 이런 종류의 프로그래밍에 잘 어울린다는 점도 알아둬야 한다.

Python과 머신러닝을 알지 못한다고 해서 걱정할 필요는 없다. 이 책의 핵심 개념과 짧은 예제 코드가 많은 도움이 될 것이다. 그래도 이해하기 어렵다면 Python 입문 과정을 참고하기 바란다.

이 책은 여러분의 과제 수행을 도와준다. 이 책에서 제공하는 예제 코드는 대부분 여러분의 프로그램과 문서에 사용할 수 있다. 코드의 상당 부분을 복제하지 않는 한 이 책의 여러 코드를 사용해 프로그램을 작성하는 데는 별도의 허가를 받을 필요가 없다. 또한 이 책을 인용하거나 예제 코드를 인용해 질문에 대답할 때는 허가를 받을 필요가 없지만, 이 책의 예제 코드를 여러분의 제품 설명서에 상당량 포함시키려면 허가를 받아야 한다.

여러분의 저작권 표시에 미리 감사드린다. 저작권 표시에는 일반적으로 제목, 저자, 출판사가 포함된다. 예는 다음과 같다.

지능형 클라우드 애플리케이션 구축, 빈센테 헤레라 가르시아, 존 빅스, 에이콘

코드 예제를 공정한 사용 범위나 위에서 언급한 허가 범위를 벗어나 사용한다고 생각하는 경우에는 permissions@oreilly.com으로 연락해주기 바란다.

이 책의 표기 규칙

 팁이나 제안을 나타낸다.

 일반적인 메모를 나타낸다.

 경고 또는 주의를 나타낸다.

옮긴이 덧붙인 말

- 원서에 사용된 Microsoft Azure 제품명은 Microsoft가 자사의 홈페이지 및 기술 자료에서 사용하는 방식을 따랐고 부득이한 경우를 제외하고는 영문 제품명을 사용한다. 개별 제품에 관련된 상세한 내용은 Microsoft Azure 홈페이지(https://azure.microsoft.com/ko-kr/)를 참조하기 바란다.

- 원서에서 인용된 Microsoft의 홈페이지 주소는 영문 홈페이지에 해당하는 한글 홈페이지가 있는 경우에는 한글 페이지 주소로 바꿨고 그렇지 않은 경우에는 원문대로 영문 주소를 실었다. 예를 들어 원서에 소개된 계정 생성 페이지의 주소는 https://azure.microsoft.com/en-us/free/이지만 이 책에서는 한글 홈페이지인 https://azure.microsoft.com/ko-kr/free/로 대체했다.

- 원서에 실린 Microsoft 제품 또는 타사 제품의 스크린샷은 최대한 한글 버전의 스크린샷으로 바꿨으며 한글화된 버전이 없는 경우에는 원서의 영문 스크린샷을 그대로 사용했다.

- 원서에서 인용한 홈페이지 주소가 너무 긴 경우에는 BITLY.KR(http://bitly.kr/) 등의 URL 줄이기를 사용해 길이를 줄였다. 예를 들어 Azure 보안 소개 문서 페이지 (https://docs.microsoft.com/ko-kr/azure/security/fundamentals/overview)는 http://bitly.kr/EYmTwb9으로 줄여 표기했다.

## 1부

클라우드 기반 개발

## 1장

클라우드에서의 머신러닝과 딥러닝 모형

AI를 꿈이라 여긴 것은 그리 오래전 일이 아니다. 기술이 필요한 게임, 이미지 인식 및 예측에서 기계가 인간을 흉내내고 심지어 이길 수 있다는 것은 20년 전까지만 해도 터무니없는 생각이었다. 하지만 이제 일반 사용자는 자동차, 상점, 의사 진료실, 가정에서 매일, 어디서나, 어떤 형태로든 머신러닝을 만날 수 있게 됐다.

우리는 생각하는 기계가 등장한 시대에 살고 있다. 그런데 그들은 어떻게 생각을 하는 걸까? 그들은 무엇을 사용해 세계의 모형을 구축할까? 그리고 우리는 어떻게 이런 도구를 사용해 시스템을 더 똑똑하고 더 잘 반응하게 하며 더 생생하게 만들 수 있을까?

이 책의 목표는 머신러닝의 기본 사항을 논의하고 단계별로 소개해 서버리스 시스템과 미리 교육된 모형으로 프로젝트에서 어떻게 머신러닝을 구현하는지를 알려주는 것이다. 머신러닝은 세상을 더 많이 경험할수록 변화하고 성장하는 모형을 사용해 끊임없이 변하는 세계와 상호작용하는 도구라고 할 수 있다. 다시 말해, 머신러닝은 명시적인 프로그래밍 없이도 컴퓨터에게 새로운 것을 가르치는 방법이라 할 수 있다.

머신러닝 소개

머신러닝을 포함한 AI는 1950년대 냉전시대에 복잡한 문제를 해결할 수 있는 시스템을 개발하려는 목적으로 탄생했다. 당시에는 컴퓨터의 작업 처리 능력이 지금처럼 강력하지 않았다.

AI는 수년에 걸쳐 미로의 출구를 찾는 데 사용되는 알고리즘에서 인간의 감정을 인식하고 자동차를 운전하며 미래의 결과를 예측할 수 있는 시스템에 이르기까지 다양한 분야를 포함하기 시작했다.

머신러닝은 특정 작업에 관련된 데이터를 더 많이 입력받을수록 그 작업의 결과를 개선하는 알고리즘을 생성한다. 머신러닝 모형의 대부분은 대규모 이메일 그룹 또는 대용량 이미지 폴더와 같은 '교육 데이터'로 시작하며 기계는 데이터를 통계적으로 처리하고 '이해'하기 시작한다. 머신러닝은 인간이 능동적으로 프로그래밍하지 않는다고 가정하기 때문에 교육 데이터를 처리하면서 기계의 알고리즘 자체가 변하고 성장한다. 일정 시간이 흐르면 알고리즘은 '실제' 데이터를 처리할 준비가 된다. 즉, 새로운 정보를 처리하면서 계속 진화해 외부의 개입 없이 해답이나 해결책을 얻는다.

머신러닝이 중요한 이유는 모든 문제가 변수와 루틴의 폐집합으로 구성되는 것은 아니기 때문이다. 예를 들어 머신러닝 모형에 암과 관련해 피부 반점을 분석하는 업무를 부여했다고 가정해보자. 머신러닝 모형은 자체적인 기준에 따라 각 반점을 분류한다. 또한 질의를 받으면 특정 반점이 암인지 여부를 인간의 추측에 가깝거나 더 나은 결괏값을 반환할 것이다. 기존 알고리즘은 매우 구체적이고 제한적인 문제만 해결할 수 있지만 머신러닝을 교육하면 처음에는 해결할 수 없었던 문제도 해결할 수 있게 된다.

여러분은 알고리즘과 교육의 차이를 기억해야 한다. 종종 개발자가 시스템에 전달한 교육 데이터 집합을 사용하는 얼굴 인식 알고리즘이 사용된다. 하지만 목표가 다른 경우에는 (자동차 사진에서 차량 번호판을 찾는 것과 같이) 새로운 데이터 집합으로 동일한 단순 패턴 인식 알고리즘을 사용한다. 사용 사례에 따라 알고리즘이 있는 모형을 찾아 모형을 교육할 새 데이터를 제시하거나 해결하려는 문제와 관련해 이미 교육된 모형을 찾을 수도 있다.

하지만 모형이 항상 완벽한 것은 아니다. 빅토리아 크라코브나Victoria Krakovna[1]는 유명한 머신러닝의 '실수' 목록(list of machine learning "mistakes", https://bit.ly/2RV1HOu)을 만들었는데,

---

1   딥마인드사의 AI 안전 분야 연구 과학자. Future of Life Institute의 공동 창립자. 하버드대학교에서 통계 및 머신러닝으로 박사 학위를 받았다. https://vkrakovna.wordpress.com/ 참조 - 옮긴이

여기에는 기계가 인간이 해결하고자 했던 문제를 해결하지 못하는 방향으로 목표를 달성하도록 학습된 경우가 담겨 있다. 예를 들어 생명 시뮬레이션 게임에서 점프를 위해 사육된 생물들은 원래 땅과 가장 가까운 블록의 높이로 평가됐다. 이 생물들은 긴 수직 기둥을 만든 후에 점프를 하는 대신 이것을 뒤집어 놓았다. 또한 비디오 게임인 심즈^{sims}에서는 경련^{twitching}이라는 물리 시뮬레이션 버그를 악용해 시뮬레이터 오류를 축적하고 비현실적인 속도로 여행할 수 있게 했다. 그러나 우리가 가장 좋아하는 예시는 또 다른 생명 시뮬레이션에 나타난 동종 취식 부모와 관련이 있다. 크라코브나에 따르면,

> "생존에는 에너지 비용이 필요하지만 출산에는 에너지가 필요하지 않은 인공 생명 시뮬레이션에서 어떤 종은 새로운 식용 자식을 출산하기 위해 주로 짝짓기만 하는 정주 생존 방식을 진화시켰다(또는 더 많은 식용 자식들을 출산하기 위해 짝짓기 상대로 이용됐다)."

이런 재미있는 예는 머신러닝 시스템이 인간이라면 이해하기 힘든 데이터를 보고 내리는 이상한 결정을 지적한다. 그러나 이 기계들이 '승리'하겠다는 의지를 가졌다고 비난할 수는 없다. 결국, 그렇게 프로그래밍됐을 뿐이다!

머신러닝 알고리즘은 매우 다양하며 결과 및 추정치 예측(일부 값은 자연적인 원인에 따라 변동하는 경우)이나 요소 분류(예를 들어 위성 사진을 검토해 어디가 도시이고 어디가 숲이며 어디가 수역인지를 결정)와 같은 문제를 해결하는 데 사용할 수 있는 여러 모형이 있다.

머신러닝 알고리즘에는 다음과 같은 항목이 포함된다.

이상 징후 탐지$^{Anomaly\ detection}$

일반적인 데이터와 다른 희귀한 항목, 사건 또는 관찰을 식별할 수 있다. 예를 들어 은행 사기를 탐지하는 데 사용할 수 있다.

분류^{Classification}

주어진 데이터 포인트의 클래스를 예측하는 데 도움이 된다. 예를 들어 스팸 탐지나 종양 식별에 유용하다.

클러스터링^{Clustering}

특정 부분에서 다른 집단의 객체보다 동일한 집단의 객체가 유사하다는 것을 바탕으로 객체군을 분류한다. 예를 들어 패턴 인식, 이미지 분석, 데이터 압축, 생물학적 분류 및 보험 등에 유용하다.

추천^{Recommendation}

사용자–항목–등급의 삼중 데이터군을 사용해 추천을 생성하고 관련 항목을 찾을 수 있다. 미디어 스트리밍 서비스에서 영화나 음악을 추천하거나 온라인 상점에서 고객에게 상품을 추천하는 데 활용된다.

회귀^{Regression}

데이터 포인트 집합과 관련된 입력에 따른 예상 수량을 추론하는 데 사용된다. 입력과 출력 사이에 선형, 다항, 기호 논리 또는 기타 수학적 관계가 있다고 가정할 때, 이 수학적 관계에서는 가능한 한 최상의 계수가 유추된다. 데이터를 기록하는 어떠한 유형의 실험이든 이런 유형의 분석을 사용해 수학적 관계 또는 상관관계를 증명한다. 비즈니스에서 매출을 예측하는 데 사용되며 보험 회사에서는 계약자의 신용 상태와 특정 기간 동안의 예상 청구 횟수를 추정하는 데 사용한다.

통계적 함수^{Statistical functions}

머신러닝은 대규모 데이터 집합을 대상으로 수학 연산을 계산할 수 있다. 또한 상관관계 및 확률 점수를 계산할 수 있으며 z 점수 및 베이불^{Weibull}, 감마, 베타 등과 같은 통계 분포도 계산한다. 통계에는 요소의 수가 많은 시스템을 이해하고 모형화하는 응용 영역이 많다. 정부 및 기타 기관에서는 부, 소득, 범죄 등의 데이터를 이해하는 데 활용한다. 비즈니스에서는 무엇을 언제 생산할지를 결정하는 데 활용하고 사회학자 및 과학자들은 인구 통계학적인 특성을 연구하는 데 활용한다.

텍스트 분석^{Text analytics}

텍스트에서 가장 빈번하게 사용되는 언어나 핵심 구와 같은 정보를 추출한다. 감정 분석은 텍스트 분석을 응용한 사례다.

컴퓨터 비전^{Computer vision}

이미지나 필기 노트에서 텍스트를 읽고 사람의 얼굴이나 랜드마크를 인식하며 실시간으로 비디오를 분석하는 데 활용한다.

이와 같은 머신러닝 기술은 공통적으로 매우 큰 데이터 집합에서 자동으로 학습하는 것에 의존한다. 프로그래머가 알고리즘 아키텍처와 일부 초기 매개변수를 정의한 후에는 프로그램이 스스로 데이터를 연구해 학습한다.

이런 기술로 달성할 수 있는 머신러닝 프로젝트의 몇 가지 성공 사례는 다음과 같다.

JFK 파일^{JFK Files}

미합중국 정부가 작성한 3만 4,000페이지가 넘는 타자와 필기로 이뤄진 존 F. 케네디 암살에 대한 문서가 2017년에 공개됐다. Azure Search 및 Cognitive Services 덕분에 조합할 수 있는 일련의 인지 기술들이 데이터에 적용됐다. 이 시스템은 여러 흥미로운 질문에 답할 수 있을 뿐 아니라 원본 문서와 동일한 맥락에서 해답과의 관계를 파악할 수 있게 해준다.

스닙 인사이트^{Snip Insights}

Azure Cognitive Services를 사용해 방금 캡처한 이미지에 관련된 정보를 얻을 수 있는 데스크톱용 오픈소스 화면 캡처 응용프로그램이다. 이미지를 텍스트로 변환할 수 있고 피사체와 관련된 정보를 표시할 수 있다(예를 들어 유명인사와 랜드마크 식별). 이미지가 제품과 관련이 있다면, 자동으로 유사한 제품을 검색해서 가격과 구매처 등의 정보를 제공한다.

픽스투스토리[Pix2Story]

자연어 처리[Natural Language Processing, NLP]를 활용해 그림에서 영감을 받은 AI 시스템이 이야기를 생성할 수 있도록 가르치는 웹 응용프로그램이다. 업로드된 그림에서 얻은 주제어가 반복적인 신경망 모형에 공급돼 그림의 장르와 내용에 기반을 둔 이야기를 생성한다.

스케치투코드[Sketch2Code]

종이나 화이트보드 위에 손으로 그린 렌더링을 HTML 프로토타입으로 변환하는 AI 솔루션이다. 모형을 텍스트 상자, 버튼, 콤보 박스 등 손으로 그린 디자인 요소로 교육한 후에 맞춤형 비전 서비스가 객체 인식을 수행해 각 요소의 HTML 코드 조각을 생성한다.

예제를 좀 더 상세히 알아보려면 Microsoft 사 AI 연구실 웹사이트(http://www.ailab.microsoft.com)를 방문하라.

딥러닝 소개

딥러닝은 다음을 수행하는 머신러닝 알고리즘의 집합이다.

- 특징의 추출 및 변환을 위해 여러 계층의 비선형 처리 장치를 계단식으로 사용한다. 각 후속 계층은 이전 계층의 출력을 입력으로 사용한다.
- 감독(예: 분류) 또는 감독되지 않은(예: 패턴 분석) 방법으로 학습한다.
- 다른 추상화 수준에 해당하는 여러 수준의 표현을 학습한다. 수준은 개념의 계층 구조를 형성한다.

딥러닝은 이런 개념과 분류 계층 구조를 사용하며, 실험실에서 자주 사용하는 머신러닝 방법과 대비된다.

모형에 숨겨진 계층이 많은 네트워크를 딥러닝 시스템이라고 한다. 예제에서 얻은 지식을 모형의 계층 깊은 곳에 기억하기 때문이다. 이런 종류의 모형을 여러 획기적인 응용프로그램에서 사용할 수 있는 이유는 현대 컴퓨터에서 제공하는 훌륭한 처리 능력 때문이다. 그러나 개별적이고 복잡한 계층 때문에 새로운 목표를 달성하려면 더 높은 수준의 계산 능력이 필요하다.

신경망

머신러닝의 다음 미개척지는 신경망이다. 컴퓨터 기반 신경망의 개념은 수십 년 동안 존재해왔지만, 최근에 이르러서야 신경망을 활용하기에 충분한 성능을 갖춘 하드웨어가 준비됐다. 신경망은 인간의 뇌가 어떻게 동작하는지에 관련된 모형을 기반으로 한다. 우리의 뇌에서 뉴런처럼 작용하는 퍼셉트론^{perceptron}이라는 간단한 데이터 프로세서로 시작한다. 각 퍼셉트론은 기본 뉴런과 마찬가지로 입력을 받아 게이트 함수를 검사하고 이와 동시에 다른 퍼셉트론을 제어할 수 있는 출력을 생성한다. 이런 퍼셉트론의 망을 '인공 신경망'이라고 한다(그림 1-1 참조).

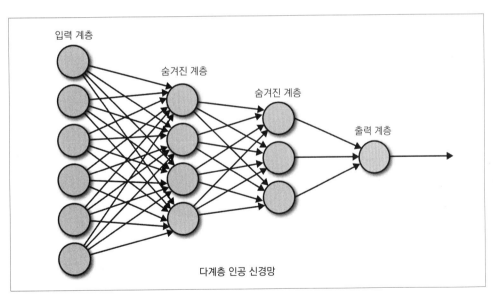

그림 1-1 숨겨진 계층 두 개로 구성된 신경망

그런데 이 시스템은 어떻게 학습하는 걸까? 퍼셉트론은 신호를 받을 때마다 활성화 기능과 관련된 입력 가중치를 강화하므로 동일한 조건에서 다시 실행하기가 더 쉽다. 단순한 다층 신경망에는 퍼셉트론의 입력 계층, 이전 계층의 입력을 받아 다음 계층으로 전달하는 몇 개의 숨겨진 계층 및 최종 출력 계층이 존재한다. 출력이 이전 계층의 입력 역할을 하는 중간 계층도 있을 수 있다.

구조 정의 및 머신러닝 모형 교육의 어려움

그림 1-2는 딥러닝 신경 모형이 전문가만 제대로 생성할 수 있는 매우 복잡한 구조를 가질 수 있다는 것을 보여준다. 또한 앞서 설명했듯이 광범위한 머신러닝 모델 목록이 있기 때문에 해결하려는 문제에 맞게 각 모형의 설정을 조정하는 방법을 이해하기는 쉽지 않다. 곧 설명하겠지만, 이것이 바로 미리 만들어지고 교육된 모형을 사용해 이점을 얻을 수 있는 이유다.

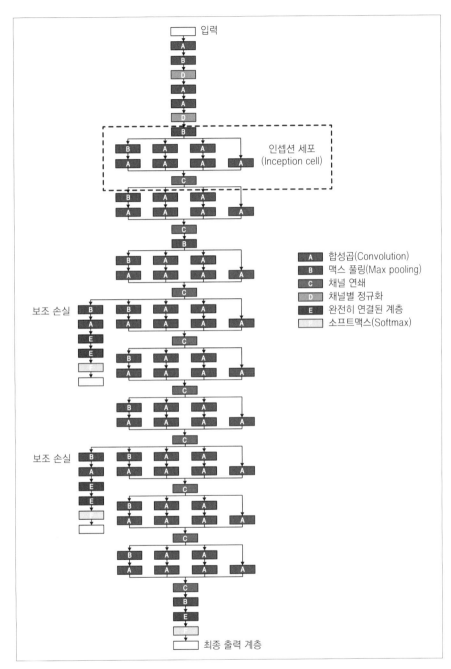

입력

인셉션 세포
(Inception cell)

A	합성곱(Convolution)
B	맥스 풀링(Max pooling)
C	채널 연쇄
D	채널별 정규화
E	완전히 연결된 계층
	소프트맥스(Softmax)

보조 손실

보조 손실

최종 출력 계층

그림 1-2 딥러닝 망의 실제 사례. 이 구조는 동작 방식을 미세 조정하기 위한 많은 작업의 결과물이다.

교육을 목적으로 보유하고 있는 데이터에는 입력값뿐만 아니라 모형이 학습할 출력 응답도 존재해야 한다. 사용할 고정된 데이터 집합이 있는 경우에는 데이터를 교육, 유효성 검사 및 테스트 집합으로 구분하는 것이 중요하다. 첫 번째 데이터만 모형을 학습하는 데 사용되고 이외의 모든 데이터는 학습 과정에 사용된다. 그런 다음, 모형이 아직 본 적 없는 유효성 검사 집합을 사용해 의미 있는 예측을 수행할 수 있다. 학습된 모형을 사용해 유효성 검사 데이터를 처리하고 데이터가 산출해야 하는 출력과 모형에서 추론한 결과를 비교한다. 모형 교육이 잘 진행되면 출력이 매우 정확해질 것이다.

머신러닝 모형으로 작업할 때 모형을 교육 데이터에 과도하게 맞추는 것은 문제가 될 수 있다. 이전에 보지 못했던 새로운 데이터가 주어지면 좋은 예측을 할 수 있는 다목적 모형을 원할 것이다. 하지만 유사한 데이터로 모형을 과도하게 훈련하면 다른 사례로 예측할 수 있는 능력이 상실된다. 별도의 데이터를 사용한 검증이 중요한 이유는 바로 이 때문이다. 마지막 테스트 집합에는 예측 생성에 사용하는 실제 데이터가 존재한다. 이 집합에서는 모형이 알려주기 전까지 실제 결과를 알 수 없다.

모형이 교육을 마치면 효과적인 '블랙박스'가 된다. 모형이 답을 찾는 데 사용하는 통계적 기반 논리를 인간이 인식하는 것은 사실상 불가능할 수 있다. 교육한 모형에서 좋은 출력 결과가 나오면 (사용 중인 데이터의 종류가 비슷할 경우) 원하는 곳에 복사해 다시 사용할 수 있다. 그러나 알고리즘이 어떻게 동작하는지 분석해 일종의 지식을 추론하려고 시도할 수는 없다. 모형은 제공된 데이터를 사용해 자체적으로 수많은 연결을 만들었을 것이고, 그것을 이해하려고 노력하는 것은 분석하는 데이터를 예측해보는 것만큼 어려울 것이다.

모형을 잘 훈련하려면 다양한 데이터를 많이 보유하는 것이 결정적이므로 교육에는 고도의 계산 능력과 많은 시간이 필요하다. 또한 특정 종류의 문제와 관련된 모형 유형과 초기 설정의 올바른 조합을 찾는 것은 어려울 수 있다. 그리고 항상 최첨단 머신러닝 커뮤니티를 통해 다른 유형의 문제에 최신 모형을 사용하는 방법을 확인해야 한다.

서버리스 머신러닝 소개

이 책에서는 서버리스 아키텍처가 클라우드에서 머신러닝과 딥러닝 작업 부하를 어떻게 지원할 수 있는지를 다룬다. 서버리스 머신러닝 서비스를 활용하고 데이터 집합을 전달하면 교육 및 분석과 관련된 많은 작업 부하를 작업에 적합한 플랫폼으로 이전할 수 있다.

서버리스 머신러닝의 첫 번째 장점은 기계가 필요할 때 언제든지 동작할 준비가 돼 있고 필요하지 않을 때 언제든지 정지할 수 있다는 것이다. 또한 기계에 배포하기 위해 직접 코드를 작성하는 대신, 미리 라이브러리에 저장해 놓은 모형과 알고리즘을 쉽게 사용할 수 있다. 비용과 시간을 함께 절감할 수 있는 셈이다.

사용할 수 있는 클라우드 기반의 모형이 많다는 점을 감안하면 미리 만들어진 모형을 사용하는 것이 더 합리적이다. 이는 머신러닝에서는 바퀴를 다시 발명할 필요가 없는 경우가 많다는 뜻이다. 병렬 연산을 지원하고 메모리를 더 적게 사용하며 시작, 실행, 정지를 더 빠르게 하기 위한 알고리즘 최적화가 지속적으로 증가하고 있다. 서버리스 모형으로 실험을 진행하고 미리 작성된 모형을 사용할 경우 대체로 실행 시간이 빨라진다. 이는 전문가가 작업에 적합한 교육 방법으로 모형을 최적화하고 미세 조정했기 때문이다. 또한 클라우드 공급자가 제공하는 연산 능력은 우리가 자체 인프라를 이용해 달성할 수 있는 것보다 높은 성능을 제공한다.

모형을 결정하고 나면 서버리스 접근법의 또 다른 장점이 분명해진다. 자체 서버에서 맞춤형 모형을 호스팅할 경우에는 라이브 환경에서의 시스템 확장을 고려해야 한다. 하지만 서버리스 아키텍처에서는 이런 확장이 자동으로 진행된다. 비용은 사용한 만큼만 부과되며 가격은 작업 부하에 비례한다.

아마존 웹 서비스[Amazon Web Services, AWS]와 Microsoft Azure와 같은 클라우드 공급자는 이미지 인식, 음성 인식, 개체 분류와 같은 도구를 포함한 기성 모형을 서버리스 사용자가 사용할 수 있도록 하는 경우가 많다. 이 경우 머신러닝에 대해 알 필요가 거의 없다. 점포의 특정 이미지가 점포명, 제품명과 같은 메타데이터를 어떻게 반환하는지 생각할 필요 없이 단순히 모형을 구현하면 동작한다. 미리 작성된 머신러닝 모형을 사용하는 것이 머신러닝을 이용해 작업하는 지름길이다. 무엇을 추론하고 감지할 것인지만 이해하면 된다.

클라우드 공급자는 실제로 일반적인 문제를 해결하는 여러 가지 도구를 만들었지만 스스로 머신러닝이라고 광고하지는 않는다. 예를 들어 Azure는 말하는 사람의 입력 오디오를 문자로 전사할 수 있는 음성 문자 변환 서비스^{Speech to Text service}를 제공한다. 이 서비스는 음성 인식을 위해 이미 교육받은 머신러닝 모형에 의존한다.

또한 클라우드 공급자는 보안을 유지하는 방법, 사용자에게 접근하는 방법뿐 아니라 비용을 청구하거나 비용 관리를 강제하는 방법을 제공한다. 즉, 사용 사례에 따른 고유한 방식으로 모형을 연결하고 보안 오류나 갑작스러운 비용 청구를 줄여준다.

이벤트 기반 아키텍처의 특징은 호출할 때만 실행된다는 것이다. 기존 서버 아키텍처의 유휴 기계는 코드가 필요해질 때까지 유휴 상태로 남아 있다. 그 결과 호스트하는 코드가 실행되지 않더라도 지속적으로 실행되는 서버에 관련된 비용을 지불해야 했다. 서버리스에서는 함수가 호출되지 않으면 비용이 들지 않는다. 이벤트 기반 서비스로 작게 포장된 이 코드는 쉽게 쓸 수 있고, 이런 함수를 함께 붙여 새 함수를 만드는 것이 훨씬 더 쉽다. 예를 들어 지진 감시 서비스용 비상 전화 통화에서 입력 음성을 가져오는 함수를 작성해 음성을 문자로 전사하는 머신러닝 모형으로 전달한 후, 이 문자를 SMS 전송 서비스로 보내 응급 대응 요원에게 알리도록 할 수 있다. 모든 것이 서로 묶여 있으면 첫 번째 전화를 받을 때까지는 코드를 저장할 작은 서버 공간 외에는 아무것도 지불하지 않는다.

서버리스 접근 방식을 사용하면 가상 기계^{Virtual Machine, VM} 및 다른 자원 집약적인 작업을 관리하는 데 필요한 부분을 추가할 필요가 없기 때문에 코드가 간결하고 명확하다. VM 프로비저닝 및 자동 크기 조정, 비활성 VM 중지, 보안 및 모니터링 등의 모든 'sysadmin' 업무는 클라우드 공급자가 처리한다. 또한 사용 중인 머신러닝 모형 및 타 클라우드 공급자 기능의 성능을 검사하는 데 도움이 되는 분석 서비스도 제공한다. 중요한 서비스를 실행하는 경우, 함수에 이 코드를 삽입하지 않아도 측정하려는 모든 매개변수가 포함된 그래프를 표시해준다. 이때 분석 기능이 기본으로 제공된다.

이론적으로는 서버리스 응용프로그램에서 관리할 수 있는 작업의 종류에 제한이 없지만, 고려해야 할 몇 가지 사항이 있다. 예를 들어 Azure는 함수 호출당 최대 10분을 제공하며, 함수가 이보다 오래 실행되면 Azure는 프로세스를 덤프한다. Azure는 함수가 매우 빠르고 사용자의 함수가 다른 함수를 연속으로 호출할 수 있다고 가정한다. 이런 아키텍처는 함수가 10분 이상 지속되면 뭔가 잘못됐다고 가정한다.

머신러닝 모형과 함께 컨테이너 사용

이미 교육된 머신러닝 모형을 보유하는 것은 매우 유용하며 서버리스 아키텍처를 이용하면 많은 노력을 하지 않아도 확장할 수 있다. 그러나 이런 기술이 빠르게 발전한다는 점을 감안할 때, 사용자 맞춤 모형을 사용해야 할 뿐 아니라 고유한 아키텍처를 설계해야 할 수도 있다.

이 경우 VM과 비슷하지만 훨씬 가벼운 컨테이너로 작업할 수 있다. 컨테이너를 사용하면 직접 정의하지 않은 모든 매개변수는 여전히 클라우드 공급자가 관리한다. 컨테이너의 동작은 예측할 수 있고 반복할 수 있으며 변하지 않는다. 이것은 컴퓨터 간이나 환경 간 이동 시 예기치 않은 오류가 발생하지 않는다는 뜻이다. 그런 다음, 컨테이너 클러스터를 머신러닝 요구사항에 적합한 구성으로 만들 수 있다. 컨테이너를 쉽게 조정(또는 조율)하고 가능한 한 서버가 없는 방식으로 모니터링하고 확장할 수 있는 수단을 클라우드 공급자가 제공한다는 것은 큰 장점이다. 이 방식으로 작업하면 거의 서버리스에 근접한 접근 방식임과 동시에 (사용자의 필요에) 가장 적합한 컨테이너를 사용자 맞춤화할 수 있다는 두 가지 장점을 모두 활용할 수 있다.

현재 컨테이너를 조율하는 최적의 방법은 일부 클라우드 공급자가 제공하는 오픈소스 솔루션인 kubelets다. 이것은 다른 노드(물리적 컴퓨터)의 자원을 관리해준다. 각각에는 한 개 이상의 kubelets를 배포하는데, 이것은 함께 동작해야 하는 컨테이너의 집합이다. 그런 다음, 들어오는 부하 요구사항을 충족하기 위해 자동으로 kubelets 수를 확장하거나 줄인다.

그림 1-3은 kubelets를 사용해 컨테이너화된 응용프로그램(컨테이너를 사용하는 응용프로그램)을 관리하는 예제 아키텍처를 나타낸 것이다. 여기서 주목할 점은 모든 세부사항을 이해할 필요가 없다는 것이다. 자신의 컴퓨터에서 컨테이너를 준비하고, kubelets 서비스 클라우드에 컨테이너를 업로드한 후 여기에 어려운 작업을 맡겨 둔다.

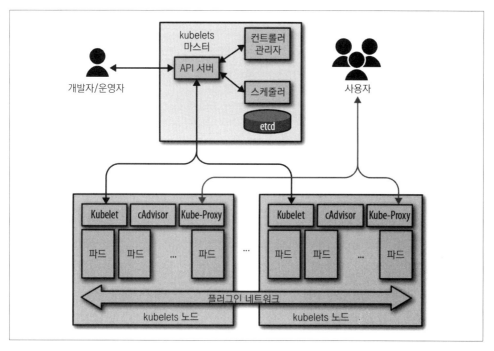

그림 1-3 kubelets를 사용해 조율된 컨테이너화된 아키텍처

머신러닝을 위한 서버리스 컴퓨팅의 이점

지금까지의 내용을 요약하면 머신러닝에서 서버리스 컴퓨팅은 다음과 같은 많은 이점이 있다.

인프라 비용 절감Infrastructure savings

서버를 소유하지 않으므로 서버에 지불할 비용도 없다. 그렇다고 해서 서비스형 함수Function as a Service, FaaS가 무료라는 의미는 아니다. 그 대신 공급자는 청구를 훨씬 더 세분화하고 사업자가 실행하는 코드에만 요금을 부과할 수 있다. 또한 사업자는 필요한 경우에만 함수가 동작되도록 하므로 자원이 절약되고 운영 오버헤드를 줄인다. 또한 가동 중지 시간은 작성한 코드에 좌우되지 않으며 인프라는 다른 누군가가 관리한다.

코드가 독립적으로 실행Code runs independently

서버리스 제품의 각 코드는 독립적으로 실행된다. 맞춤법 검사 서비스는 수학 서비스와 상호작용할 필요가 없다. 이와 마찬가지로 주소 검색 서비스는 입력 서비스와 상호작용할 필요가 없다. 이 환경을 빈 방의 각기 다른 위치에서 발사되는 폭죽 세트라고 가정해 보자. 이때 폭죽은 설치하기 전에만 유일하게 같이 묶여 있게 된다.

확장성Scalability

앞서 언급했듯이 이 모형은 필요할 때까지 VM의 전원을 꺼두게 한다. 이벤트 기반 패러다임을 사용하기 때문에 필요한 경우에만 활성 코드를 트리거하고 기존 프로그래밍 프로젝트 속도를 늦출 수 있는 지속적인 풀링(프로젝트가 커짐에 따라 커질 수 있는 문제) 및 상호 종속성이 필요 없다. 함수는 방대한 양의 원격 측정, 데이터, 로그, 센서 데이터, 실시간 스트리밍 등 무엇에든 반응할 수 있으며 시스템은 기계의 다른 부분과 상호작용하지 않고 병렬로 각 데이터 덩어리를 처리한다.

교육 용이성Ease of training

트리거 기반 함수는 머신러닝 응용프로그램을 교육하는 데 유용하다. 대량의 교육 데이터를 일련의 가상화된 함수에 전송하면 상시 교육의 필요성을 줄이는 대신 가상 기능을 사용해 교육하고 소비할 수 있다. 즉, FaaS는 견고한 머신러닝 도구 세트를 만든다.

2장에서는 서버리스 아키텍처를 구축하고 미리 만들어진 머신러닝 모형을 프로젝트에서 사용하는 방법을 살펴본다. 또한 머신 러닝 모델을 좀 더 깊이 있게 알아본다.

서비스형 함수와 이벤트 기반 프로그래밍

컴퓨터 과학의 선구자인 도널드 커누스[Donald Knuth][1]는 "사람들은 컴퓨터 과학이 천재의 예술이라고 생각하지만 실제로는 그 반대다. 컴퓨터 과학은 많은 사람이 작은 돌멩이들을 쌓아 성을 만드는 것처럼 서로에게 의존하는 일을 하고 있다"고 말했다. 클라우드 컴퓨팅을 설명하는 데 이보다 더 명확한 말은 없다. 2장에서는 끊임없이 변화하는 환경에서 서비스를 확대 또는 축소하기 위해 함수를 '작은 돌멩이'와 같은 프로그램에서 분산되고 강력한 시스템으로 확장하는 방법을 알아본다. 또한 이런 새로운 컴퓨팅 패러다임을 실행하는 데 필요한 FaaS 및 이벤트 기반 프로그래밍[event-driven programming]의 개념도 살펴본다.

서비스형 소프트웨어, 클라우드 컴퓨팅, 서버리스

인터넷이 사용되기 전, 소프트웨어를 상용화하는 전통적인 방법은 사용자가 컴퓨터나 서버에 설치할 수 있는 복사본을 파는 것이었다. 거의 모든 기업이 인터넷을 이용해 방대한 데이터 및 프로그램 저장소에 연결할 수 있게 되자 소프트웨어 제품을 판매하는 또 다른 방법이 탄생했다. 즉, 수축 포장 소프트웨어[shrink-wrapped software][2]를 구입해 컴퓨터에 설치하는 대신, 소프트웨어 공급 업체에서 운영하는 서버에 간단히 연결해 작업을 수행하고 로그오프하기만

---

1   미국의 저명한 컴퓨터 과학자로, 현재 스탠퍼드대학교 명예 교수다. – 옮긴이
2   소포장된 미디어 형태로 판매되는 소프트웨어. 포장을 뜻하는 것으로 소프트웨어 라이선스 계약이 체결된 것으로 간주한다. – 옮긴이

하면 됐다. SaaS 모델은 공급 업체에게 많은 장점이 있었다. 사용량에 따라 요금을 부과할 수 있고 서버를 쉽게 업데이트할 수 있으며 소프트웨어 불법 복제가 불가능해졌다. 소프트웨어 사용자에게는 보완적인 이점이 있다. 컴퓨터 소유자와 운영을 걱정할 필요가 없고, 유지 보수와 같은 문제는 공급업체가 처리한다.

SaaS가 다른 시스템과 상호 연결하는 방법을 정의한 응용프로그램 인터페이스Application Programming Interface, API를 제공하는 경우, 서비스지향 아키텍처Service Oriented Architecture, SOA를 보유하고 있다고 할 수 있다. 이는 프로그래밍 방식으로 불러올 수 있는 일련의 서비스라고 생각될 수 있기 때문이다.

아키텍처 발전의 다음 단계로 '가상 서버를 프로비저닝하고 설정하는 것에서부터 확장, 구성, 보안 및 백업에 이르기까지' 인프라와 운영의 모든 측면을 자동으로 처리할 수 있다는 아이디어가 등장했다. 2005년 Fotango 팀[3]이 고안한 접근 방식은 사용자가 명령줄이 있는 거래를 원하지 않는다고 가정했다. 가상 서버를 가동하고 파일을 설치하고 사용자 작업이 끝나면 모든 것이 실행되길 바라는 대신, (서버에서 명령으로 프로그램을 실행하는) 모든 작업을 청구하는 공급 업체가 함수 호출에 따라 추상화하고 제어할 수 있다고 주장했다.

서버리스 컴퓨팅이라고 알려진 이 아이디어는 이 책의 핵심이며, 많은 프로그래머의 판도를 뒤집었다.

그러나 이 모델이 점점 더 인기를 끌면서 서비스 제공자들은 서비스와 관련된 수요를 충족하기 위해 더 많은 자원을 할당했다. 이는 더 많은 컴퓨터, 더 많은 개발자 그리고 더 많은 작업이 필요하다는 것을 의미한다. 시간이 흐르면서 시비 유지 관리, 설치 및 가동 시간 모니터링과 같은 사소한 작업을 특화된 협력사에 맡기는 방안이 대두됐는데, 이들은 서버를 유지 관리할 뿐 아니라 가상화된 버전으로 제공한다. 그림 2-1은 그 차이를 나타낸 것이다. VM은 실제 하드웨어에서 실행됐지만, 사용자는 VM을 소유하거나 유지 관리할 필요가 없었다. 하드웨어를 교체해야 할 때는 사용자나 고객 몰래 VM을 다른 하드웨어로 교체할 수 있었다.

---

3   2005년에 최초의 서비스형 플랫폼(Platform as a Service, PaaS)이라 할 수 있는 Zimki를 개발한 런던 소재 소프트웨어 회사 - 옮긴이

서버리스 환경에서는 하드웨어 공간, 모니터링 또는 결함이 있는 장비 교체를 걱정할 필요가 없다. 그러나 작업 부하가 커지면 추가 VM을 프로비저닝하고 부하가 떨어지면 일부 VM을 종료해야 한다.

특히 서버리스는 데이터의 불규칙한 흐름을 처리할 때 중요하다. 예를 들어 12월에는 물건을 구매하려는 방문자로 가득차지만 다른 달에는 트래픽이 거의 없는 온라인 크리스마스 웹사이트를 상상해보자. 방문자가 없는 휴지 상태 동안에도 서버는 여전히 최고 속도로 실행되며 크리스마스 시즌에나 필요할 것 같은 모든 자원을 사용한다.

하지만 서버리스를 사용하면 상황이 현저하게 변화한다.

서버리스 솔루션은 현재의 부하를 감지하고 미래의 필요를 예측하는 것으로 시작한다. 약간만 조정하면 크리스마스, 블랙 프라이데이, 부활절 다음 월요일 또는 다른 붐비는 시즌의 부하 급증을 쉽게 예측할 수 있다. 그러나 서버 실행 후 우연히 상점이 「뉴욕 타임스」에 소개됐다고 상상해보자. 아마도 수백만 명에 이르는 방문자가 몰릴 것이다. 서버리스의 자동 확장autoscaling[4]은 처음 몇십 명의 방문자가 체크아웃한 후에도 웹 사이트가 실패하지 않도록 하는 기능이다.

---

4   클라우드 컴퓨팅 서비스에서 서비스의 부하량과 사용량에 맞게 탄력적으로 컴퓨팅 자원을 늘렸다 줄였다 하는 기능 – 옮긴이

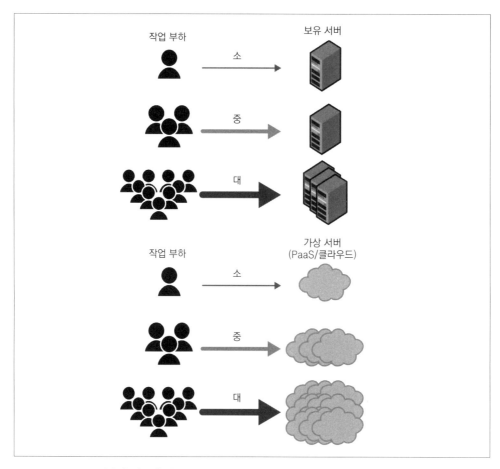

그림 2-1 자체 인프라 구축 및 클라우드 서비스 사용과 관련된 간략한 비교 – 작업 부하가 다양한 경우

클라우드 공급자가 시비리스 솔루션을 제공하기 전에는 동일한 서비스의 복사본이 여러 개 필요했고, 복사본은 수요 증가에 따라 호출되거나 사용될 때까지 최대 절전 모드에서 대기해 야만 했다. 매번 서버를 추가할 때마다 작업을 중지하고 모든 데이터를 새 서버에 복사해야 했으며 이 골치 아픈 작업 동안에는 아무도 사이트에서 떠나지 않길 바랄 뿐이었다. 갑작스 러운 관심 덕분에 몇 시간 동안은 상거래를 신속히 처리하면서도 여러 서버를 지속적으로 업 데이트해야 했다. 시간이 지나면 이 모든 트래픽이 사라진다. 다시 말해, 이전 아키텍처에서 는 모니터가 어떤 일이 일어났는지 깨달을 때까지 새 서버가 유휴 상태였다는 것이다. 트래

픽이 우연히 휴지 상태가 되면, 대기 서버가 중지된 후에 새로운 사용자가 돌아오자마자 재가동할 수 있어야 했다.

수년간의 노력으로 사용자가 이 과정을 미세하게 조정할 수 있게 됐지만, 서버리스 시나리오가 훨씬 우수하다는 것만은 분명하다.

마이크로서비스 아키텍처

복잡한 요구사항을 충족하기 위해 점점 더 어려워지는 문제를 해결할 때는 프로그램이 코드를 어떻게 구성하는지가 중요하다. 예를 들어 공유 재생 목록, 관련 음악, 소셜 미디어 연동 및 친구들과 음악 공유 등의 기능을 제공하는 간단한 온라인 음악 서비스와 같은 작은 응용 프로그램을 상상해보자. 더 많은 코드가 체계 없이 추가되면 모든 것이 뒤죽박죽되며 변경할 때도 많은 오류가 발생한다. 코드가 변경을 받아들이고 발생한 문제에 탄력적으로 대응하고자 컴퓨터에서 실행되는 코드를 체계화하는 여러 가지 프로그램 아키텍처가 출현했다.

이런 방법 중 하나가 마이크로서비스microservice로, 프로그램을 개별적으로 입력받아 출력을 반환하는 작은 시스템들로 쪼갠다. 마이크로서비스라는 용어는 2005년 클라우드 컴퓨팅 컨퍼런스에서 피터 로저스Dr. Peter Rogers 박사가 처음 정의했으며 2011년 한 솔루션 개발자 그룹이 소프트웨어 아키텍트 행사에 적용했다. 그 이후 넷플릭스, 아마존, 스포티파이 등에 의해 대중화됐다[5].

이전의 마이크로서비스는 프로젝트가 여러 작업을 수행하고 많은 서비스를 제공할 수 있는 하나의 큰 실행 프로그램으로 구성됐는데, 개발자들은 이것을 모놀리식 접근법monolithic approach이라고 불렀다. 그러나 모든 부분이 서로 관련돼 있고 업데이트를 하려면 새 실행파일 배포가 필요할 수도 있다. 또한 프로그램의 일부에 문제가 생겨도 전체 응용프로그램이 충돌

---

5 'Cloud Expo 2005' 행사에서 1060 Research의 CEO인 피터 로저스가 'Micro-Web-Services'라는 용어를 처음 사용했고 2011년 5월 베니스에서 개최된 소프트웨어 아키텍처 워크숍에서 참가자들이 공통된 아키텍처 스타일을 설명하기 위해 '마이크로서비스'라는 용어를 사용했다. – 옮긴이

하고 모든 서비스가 실행되지 않을 수도 있다.

마이크로서비스 아키텍처는 이런 문제가 발생하면 그 자체로 프로젝트가 되는 여러 작은 부분으로 프로젝트를 분할해 해결한다. 이런 마이크로서비스들은 서로 통신하면서 조율된 방식으로 동작해 고객이 서비스와 통신하는 데 사용하는 것과 똑같은 프로토콜 및 표준으로 고객에게 서비스를 제공한다. 그림 2-2는 마이크로서비스들이 하나의 응용프로그램 대신 여러 소규모 응용프로그램에서 동시에 기능을 서비스하는 방법을 나타낸다. 이 방식에서는 기능을 업데이트하기 위해 프로젝트의 전체 코드를 알 필요가 없다. 한 번에 한 개의 마이크로서비스만을 업데이트해도 된다. 다른 마이크로서비스와 통신하는 새 마이크로서비스를 만들어 새로운 기능을 배포할 수도 있다. 이보다 중요한 점은 하나의 마이크로서비스가 실패해도 나머지는 계속 실행된다는 것이다.

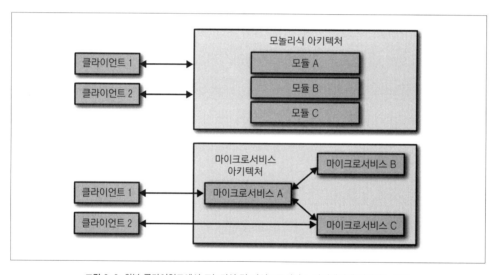

그림 2-2 외부 클라이언트에서 모놀리식 및 마이크로서비스 아키텍처에 연결하는 방법

마이크로서비스의 가치는 다양성과 성능에 있다. 예를 들어 마이크로서비스는 GPS 데이터, 장면 분석 또는 텍스트로 변환된 음성을 반환할 수 있다. 또한 무료 마이크로서비스를 유료 마이크로서비스로 쉽게 변환할 수 있다. 21이라는 블록체인 스타트업은 Hook(https://hook.

io)의 출시와 동시에 이를 시도했다.

다시 말해 마이크로서비스는 다른 서버에서 변환되고 호스팅되는 함수다. 암호 화폐 및 기타 지불 수단 덕분에 마이크로서비스와 관련된 소액 지불을 할 수 있으므로 프로그래머의 창고에 재미와 수익성을 더해주는 셈이다.

모든 새로운 개발 방식은 함수라는 프로그래밍 언어의 클래스로 가능해졌다. 함수형 프로그래밍을 좀 더 자세히 살펴보자.

함수형 프로그래밍의 등장

함수형 프로그래밍functional programming 패러다임은 꽤 오래전에 사용됐다. 그 기원은 함수를 설명하기 위해 1930년대에 개발된 공식 시스템인 수학 분야의 람다 대수lambda calculus[6]다. 이 공식 시스템은 많은 컴퓨터 프로그래밍 언어, 특히 리습LISP[7]의 기반으로 사용돼 많은 작업을 추상화했다. 함수형 프로그래밍의 지지자들은 이로써 복잡도를 관리하기 쉬워졌고 다른 접근 방식보다 본질적으로 좀 더 강력하고 유연하다고 말한다. 그러나 많은 프로그래머는 함수적인 사고방식이 이해하기 어렵다는 것을 알게 됐으며 이런 프로그램은 대개 크고 (컴파일에 시간이 오래 걸리고) 속도가 느렸다. 함수형 프로그래밍은 오랜 시간 동안 틈새 기술로 남아 있었는데, 컴퓨터의 성능이 점점 더 강력해짐에 따라 변화가 시작됐다.

최근까지는 함수형 프로그래밍과 다른 패러다임인 객체지향 프로그래밍object-oriented programming, OOP이 훨씬 더 인기를 끌었다. 객체지향은 그 자체로 많은 이점을 가진 견고한 모델을 제시했으며 모든 그래픽 사용자 인터페이스GUI가 이 바탕 위에 구축됐다. 그러나 인터넷의 대두와 함께 웹 2.0web 2.0이라고 불린 브라우저가 기능을 구축하는 중요한 도구가 됐으

---

6   수학자 알론조 처치가 수학기초론 연구의 일환으로 1930년대에 소개했다. 최초의 시스템은 스티븐 클레이니와 존 버클리 로서가 클리네-로저 역설을 제창하면서 1935년 논리적 모순을 보이기 위해 도입됐다(https://ko.wikipedia.org/wiki/람다_대수 참조). - 옮긴이

7   LIST Programming의 약자로, 1958년 매사추세츠공과대학(MIT)에서 개발한 역사 함수형 언어. 모든 자료는 연결 리스트로 처리하며 컴파일 개념 없이 인터프리터상에서 동작한다. - 옮긴이

며 웹 개발을 위한 핵심 프로그래밍 언어인 JavaScript는 함수형 프로그래밍 패러다임을 따랐다. 이로써 함수형 패러다임이 대중화됐고 JavaScript를 사용하는 사람들은 시간이 지남에 따라 더욱 숙련됐다.

JavaScript는 처음에 웹 페이지의 요소를 숨기거나, 나타내거나, 움직이는 등 단순한 작업에만 사용됐다. 그러다가 나중에 브라우저 내에서 실행되는 웹 메일 클라이언트와 같은 복잡한 프로그램이 JavaScript로 개발됐고 클라이언트와 서버 간의 비동기 통신과 함께 복잡한 데이터 구조가 JavaScript에서 처리됐다. 결국 JavaScript는 웹 페이지를 공급하는 서버에서 백엔드를 개발하는 데 사용되면서 Node.js[8]가 탄생했다. 함께 모여 만리장성이 되는 '작은 돌멩이'의 예와 같이 많은 프레임워크, 라이브러리, 알고리즘이 함수형 프로그래밍 패러다임에 기반을 두고 있으며 그렇지 않은 많은 프로그래밍 언어의 코딩도 함수형 프로그래밍 방식으로 수정됐다.

함수형 프로그래밍은 본질적으로 순수한 명령 및 절차 언어(예: Pascal, Fortran 또는 basic)의 서브루틴과 매우 비슷하며 C++, Java 또는 C#의 초기 버전과 같은 객체지향 언어에서 발견되는 정적 메소드 호출과 비슷하다. 함수형 프로그래밍의 특징은 순수 함수$^{pure functions}$ 내에서는 부작용이 발생하지 않는다는 것이다. 정보는 절차적 언어에서 읽고 수정할 수 있는 변수를 이용해 프로그램의 다른 부분들과 공유되지만 순수 함수형 언어에서는 불가능하다.

즉, '순수'로 남기 위해서는 함수가 파일을 만들거나 데이터를 저장할 수 없다는 말이다. 유일하게 만들어낼 수 있는 변경은 함수의 출력에 있다. 이 간단한 문장은 함수가 무엇을 할 수 있는지를 쉽게 설명할 뿐 아니라 함수가 병렬 실행에 더 적합한 이유를 분명하게 해준다. 이제 함수형 프로그래밍에는 알고리즘에 대한 새로운 사고 방식이 필요하다는 것이 명백해졌다. 컴퓨팅과 관련된 어떤 것이라도 어느 정도 함수형 프로그래밍의 특징을 볼 수 있지만(기계가 같은 질문에 대해 두 번 연속으로 다른 대답을 하는 것은 아니다), C, C++와 같은 언어에 익숙한 프로그래머는 함수만을 사용하는 응용프로그램 구조를 생각해내기 어려울 수 있다(이상

---

8   구글 크롬의 JavaScript 엔진(V8 Engine)으로 빌드된 JavaScript 런타임 – 옮긴이

하게도 객체지향 방법론과 절차적 프로그래밍 스크립팅은 입력 또는 출력과 관련해 몇 가지 지저한 방법을 제공한다). 다음 예제 코드에서 볼 수 있듯이 함수는 코딩하기가 매우 쉽다. 하지만 복잡한 소프트웨어 아키텍처에 통합하기 위해 단순성을 학습하는 것은 의외로 어려울 수 있다.

```python
def my_function(a, b):
    return a+b
# 실행
print(my_function(3,2))
```

함수형 프로그래밍에서는 함수를 다른 함수의 입력 또는 출력 매개변수로 전달할 수 있다. 다음 코드 예제에서는 이 방식의 매개변수로 사용되는 함수를 나타낸 것이다. 숫자 배열을 만든 후 함수에 입력으로 제공된 숫자의 거듭제곱을 반환하는 함수를 만든다. 제곱함수(sqr)와 배열을 map라 불리는 또 다른 함수의 입력으로 사용한다. 배열의 각 요소를 반복해 제곱 함수를 적용한다.

코드 예제의 두 번째 부분은 첫 번째 블록과 동일한 작업을 수행하지만, 명명되지 않은(또는 익명 또는 무명) 함수라는 기술을 사용한다. 여기서는 함수에 이름을 지정하지 않는 대신 언어의 키워드인 lambda[9]를 사용한다. 리터럴literal 숫자[10] 또는 문자열을 변수에 먼저 저장하지 않고 함수 호출에 전달할 때도 같은 기술을 사용한다.

```python
# Python은 이미 map 함수가 있지만, 여기서는 목적상 별도로 정의한다.
def map(myfunction, myarray):
    for e in myarray:
        e = myfunction(e)
# 배열과 sqr 함수를 정의한다.
s = [1, 3, 5, 7, 9]
def sqr(x):
```

---

9   Python에서 런타임에 생성해 사용할 수 있는 익명 함수 - 옮긴이
10 '값' 그 자체로 고정된 값을 표현하는 것을 의미하며 Python에는 숫자, 문자, 논리값, 특수, 컬렉션 등의 리터럴이 있다. - 옮긴이

```
    return x ** 2
# 각 요소에 적용하기 위해 두 가지 모두를 map 함수에 전달한다.
map(sqr, s)
print(s)


# 동일하다. 그러나 입력 함수의 이름을 지정하지 않는다(lamda 사용).
s = [1, 3, 5, 7, 9]
map((lambda x: x**2), s)
print(s)
```

예를 들어 OOP에 익숙한 많은 프로그래머가 객체의 클래스와 객체 인스턴스를 생각하는 데 익숙하다. 이런 객체에는 함수와 비슷한 메소드가 있지만, 객체의 메소드를 실행하면 객체가 다른 상태가 됨에 따라 다른 출력을 반환할 수 있다. 예를 들어 공장에 있는 로봇의 팔을 나타내는 객체가 있고 객체가 완전히 왼쪽으로 이동하도록 요청하는 메소드를 호출하면, 객체의 위치(position) 속성이 변할 것이다. 같은 입력으로 이 메소드를 다시 호출하면 팔이 이미 최대 위치로 이동했기 때문에 오류가 반환될 수 있다. 다음 예제에 RobotArm 및 해당 위치 상태를 정의하는 클래스에 Python 3로 된 객체지향 코드의 간단한 예가 있다.

```
class RobotArm:
  # 클래스 속성
  type = 'Robotic Arm'
  # 초기화 /
  def __init__(self, name, position):
    self.name = name # 인스턴스 속성
    self.position = position

  def turn(self, distance):
    self.position = self.position + distance
    return (self.position)
  def print_position(self):
    print("position {}.".format(self.position))
```

```
# 실행
arm = RobotArm("T100", 5)
arm.turn(2)
arm.print_position()
arm.turn(-5)
arm.print_position()
arm.turn(2)
arm.print_position()
```

팔의 위치는 객체의 상태에 담겨 있다. 실제 객체에 관련된 모든 것이 내부에 무엇이 있는지 알 필요가 없는 방식으로 캡슐화돼 있기 때문에 객체지향 패러다임의 관점에서 매우 유용하다. 객체에서는 작업을 수행하는 메소드만 알면 된다. 그러나 복잡한 객체지향 프로젝트를 구축해본 사람은 확장이 심각한 문제라는 것을 알고 있다. 이와 동시에 코드를 실행하는 여러 노드로 작업을 확장하려는 경우, 각 노드의 객체 상태를 동기화하거나 변경될 때 메시지를 보내기는 매우 어렵다. 속도가 대폭 감소하고 복잡성이 증가하는 현상이 나타나기 때문이다.

객체 대신 함수 사용하기

그렇다면 함수형 프로그래밍을 어떻게 수용할 수 있을까? 상태를 외부 어딘가에 저장하고 입력으로 전달해야 한다. 로봇 팔의 펼쳐진 손바닥을 오므리려면 어떻게 해야 할까? 상태 (state) 함수와 오무리기 작업(close operation)을 입력 매개변수로 해서 함수를 실행하고 새로운 상태를 출력으로 받는다. 손을 펼치려면? 다른 함수를 실행해 현재의 상태를 전달한다. 이렇게 하면 함수가 전달받은 것 이외에는 알지 못하므로 동일한 코드의 여러 인스턴스가 동시에 여러 서버에서 호스팅될 수 있다. 함수가 어느 서버에서 호스팅되는지에 상관없이 같은 입력으로 호출되면 같은 상태를 반환한다. 다른 상태가 함수로 전달되면, 다른 결과를 얻을 수 있다.

응용프로그램에서 확장성과 탄력성을 확보하는 가장 좋은 방법은 가능하면 순수 함수를 사용하는 것이라고 설명했다. 그러나 어디선가 데이터가 읽히지 않거나 다른 곳에 저장되지 않으면 프로그램은 거의 사용되지 않을 것이기 때문에 부수적인 효과도 필요하다. 이 문제를 해결하는 방법은 특별한 함수에서 입출력 작업을 격리하고 다른 순수 함수를 사용해 변환, 계산 또는 처리 작업을 수행하는 것이다. 다음 코드를 살펴보자. 여기서는 클래스를 사용할 때와 비슷한 얻고자 한다. 각 함수에 arm 매개변수의 상태를 전달하며, 이런 방식으로 순수 함수(turn)와 입출력 함수(print_position)를 격리한다.

```python
def turn(armState, distance):
    armState['position'] = armState['position'] + distance
    return armState
def print_position(armState):
    print("position {}.".format(armState['position']))
# 실행
arm = {
    'type': 'Robotic Arm',
    'name': 'T100',
    'position': 0
}
arm['position'] = 5
arm = turn(arm, 2)
print_position(arm)
arm = turn(arm, -5)
print_position(arm)
arm = turn(arm, 2)
print_position(arm)
```

클래스 RobotArm의 객체인 arm과 메소드 turn을 사용하는 대신, 순수 함수를 사용하려면 state라는 순수 함수를 사용해 여기에 로봇 팔의 상태를 전달해야 한다. 이렇게 하면 동일한 입력(회전 상태 및 거리)을 이용해 항상 동일한 출력을 얻을 수 있고 순수 함수를 갖게 된다.

단일 숫자를 여러 함수에 반복해 전달하는 이 엄격한 코드는 비효율적인 것처럼 보인다. 그러나 여러 상황에서 이 방법론을 사용하면 복수의 상태 변경 내용을 함수에 한 번에 보낼 수 있으며 기계가 느려지지 않고 차례대로 수행된다.

응용프로그램이 커지기 시작하면, 마이크로서비스 아키텍처에 따라 상호 통신하는 다른 부분으로 나눠야 한다. 마이크로서비스의 각 함수는 일종의 이벤트와 관련된 응답으로 실행된다. 출력은 이벤트 기반 프로그래밍 접근법을 따르도록 새로운 이벤트를 발생시킬 수 있다.

아직도 함수형 프로그래밍을 사용하는 게 걱정되는가? 사실 우리는 수년 동안 함수형 시스템을 사용해왔다. 함수형 프로그래밍이 많은 상황에 매우 유용한 것으로 입증됐으므로 거의 모든 최신 프로그래밍 언어에는 함수형 구성요소를 지니고 있다. C#, JavaScript, PHP 및 Python을 포함한 모든 인기 있는 프로그래밍 언어는 함수형 프로그래밍 패러다임을 구현한다.

또한 Clojure[11] Haskell[12] 및 Scala[13]와 같은 전문 프로그래밍 언어는 함수형 프로그래밍에 기반을 두고 있으며 함수형 프로그래밍 패러다임을 채용한 더 순수한 방법으로 구성된다. 크레디트 스위스Credit Suisse, 에릭슨Ericsson, 노텔Nortel 등에서 통신 및 재무 분석을 위한 자원 조율과 같은 여러 중요한 성과를 위해 사용됐으며 페이스북Facebook, 야후!Yahoo!, 아마존Amazon과 같은 회사의 많은 응용프로그램에도 사용돼왔다. 이것이 바로 다른 모든 프로그래밍 언어도 함수형 프로그래밍을 허용하도록 수정된 이유다.

비동기 프로그래밍

간단한 예제로 입력변수 input1과 input2로 output을 생성하는 함수 f가 있을 수 있다.

---

11 리습 언어의 방언으로, 범용 함수형 언어다. – 옮긴이
12 미란다를 전신으로 개발된 순수 함수형 프로그래밍 언어다. – 옮긴이
13 OOP 언어와 함수형 프로그래밍의 요소가 결합된 다중 패러다임 프로그래밍 언어다. – 옮긴이

```
f(input1, input2) → output
```

함수도 입력 또는 출력 매개변수가 될 수 있기 때문에 fok와 ferror라는 서로 다른 두 함수를 입력으로 받는 함수 f도 있을 수 있다.

```
f(input1, input2, fok, ferror) → output
```

JavaScript와 같이 함수형 프로그래밍 패러다임을 구현하는 프로그래밍 언어는 일반적으로 비동기 프로그래밍asynchronous programming이 가능하다. 앞의 예제에서 함수 f는 응답에 다소 시간이 걸릴 수 있는 외부 API에 질의해야 할 수도 있다. 비동기 프로그래밍을 사용하면 API가 응답할 때까지 유휴 상태로 기다리는 대신, 프로그램이 새 컴퓨팅 스레드에서 API의 응답을 기다리는 동안 계속 실행되도록 할 수 있다. 그런 다음, 쿼리가 응답할 때 성공이면 fok 함수에서 코드를 실행하고 성공이 아니면 ferror 함수에 있는 코드를 실행한다.

JavaScript에서는 다음과 같이 표현된다.

```
makecall(input1, input2, function() {
  // 성공
}, function() {
  // 에러
});
```

또한 이 예제에서 설명한 대로 ECMAScript 2015[14] 규격에 편입된 언어의 개선사항을 고려할 수 있다.

```
makecall(input1, input2).then((value) => {
  // 성공
```

---

14 ECMA(European Computer Manufacturers Association) International의 ECMA-262 기술 규격에 정의된 표준화된 스크립트 프로그래밍 언어인 ECMAScript의 2015년 판으로, ES2015또는 ES6라고도 한다. – 옮긴이

```
}, (reason) => {
  // 에러
});
```

이런 종류의 비동기 프로그래밍은 대체로 함수형 프로그래밍과 관련이 있다. 그러나 `makecall` 함수의 실행으로 새로운 스레드가 시작되고 주 스레드 실행과 함께 병렬로 어떤 작업을 수행할 때는 일종의 부수적인 효과가 있다. 비동기 호출은 순수 함수가 아니지만 함수형 프로그래밍 언어에서는 파일에 기록하거나 외부에서 데이터를 읽는 등의 I/O 작업에 필수적이다. 순수 함수로 달성하고자 하는 개념과 같이 별도의 스레드에서 이런 작업의 병렬화를 가능하게 한다.

입력 또는 출력을 위해 외부 소스에 연결하는 함수는 전송 중인 데이터를 적응시키고 처리하는 함수와 항상 분리해야 한다. 이런 단순한 개념으로 높은 수준의 확장성을 확보할 수 있고 서버리스 인프라를 최대한 활용할 수 있다. 그러한 함수들은 정보 상태를 보유하지 않기 때문에 스테이트리스stateless[15]라 부르며 실행될 때마다 출력은 입력값에만 좌우된다. 동일한 입력으로 실행할 때마다 똑같은 출력을 생성한다.

예를 들어 데이터베이스에서 온도를 읽어 화씨를 섭씨 척도로 변환하는 간단한 수학 연산을 한 후 CSVcomma-separated values 파일에 기록해야 할 때 최선의 접근법은 다음과 같다.

- 데이터베이스에서 읽는 함수를 작성한다.
- 화씨로 값을 받은 후 섭씨로 변환해 반환하는 또 다른 함수를 작성한다.
- 이 값을 입력으로 해서 CSV 파일에 기록하는 세 번째 함수를 작성한다.

이렇게 하면 중간에 있는 데이터 변환 함수는 순수 함수이며 매우 쉽게 확장될 수 있다. 그 대신, 좀 더 복잡한 시나리오에서는 입력을 처리해 출력을 반환하는 인지 서비스가 될 수 있다.

---

15 스테이트풀(stateful)은 서버에 클라이언트와 서버의 연속된 동작 상태 정보를 저장하는 형태를 말하고 스테이트리스(stateless)는 서버에 클라이언트와 서버의 연속된 동작 상태 정보를 저장하지 않는 형태를 말한다. – 옮긴이

서버리스

지금까지 마이크로서비스, 함수형 프로그래밍 및 클라우드 컴퓨팅과 PaaS를 살펴봤다. 그러면 이들은 어떤 관련이 있을까? 서버리스 접근법이 서버 관리의 부담을 덜어줄 수 있지만, 서비스에 부하가 추가됐을 때 더 많은 VM을 어떻게 시작할 것인지에 관련된 계획을 반드시 세워야 한다. 프로젝트의 아키텍처가 마이크로서비스 기반이 아니고 상호 의존성이 크면 작업을 동기화하는 것이 어려울 수 있다.

클라우드 공급자들은 이제 함수형 프로그래밍을 사용해 모든 VM 관리를 완전히 추상화하는 대신, 함수 제품군을 제공하는데, 이것을 FaaS라고 한다. 기술적으로는 FaaS의 기반 플랫폼은 공급자가 관리하기 때문에 일종의 서버리스다. 그림 2-3에서 알 수 있듯이 FaaS 공급자 내부에 무엇이 일어나는지 알거나 걱정할 필요가 없고 비용은 사용한 서비스에 비례해 부과된다.

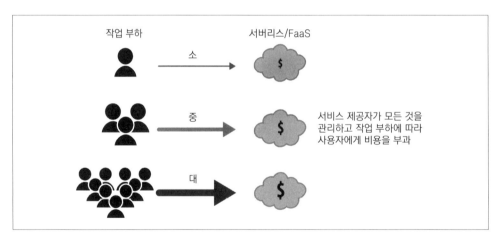

그림 2-3 서버리스 클라우드 공급자에 있어서 서로 다른 작업 부하를 갖는 의미에 관련된 간단한 표현

FaaS는 문제되는 함수에 대해 많은 것을 가정한다.

첫째, 클라우드 서비스에 모듈화된 함수를 도입하는 것으로 가정한다. 어떤 입력 집합이 주어지면, 출력은 항상 같다는 것을 의미한다.

54

둘째, 시스템은 각 함수를 독립적으로 실행한다. 함수들은 입력값을 받거나 출력값을 반환할 때를 제외하고는 상호작용하거나 알지 못한다는 것을 뜻한다. 작업을 수행하기 위한 입력의 일부가 아니면 함수는 다른 함수와 통신할 필요가 없다. 이것이 클라우드 제공자들이 함수의 업무를 쉽게 확장할 수 있게 한다. 입력을 제공하고 출력을 읽어 처리하는 작업이 많을 때 시스템 내에서 함수를 실행하기 위해 더 많은 컴퓨터를 할당할 수 있다.

또한 FaaS는 함수들이 매개변수 형태의 데이터를 저장하지 않는다고 가정한다. 각 인스턴스는 다른 어떤 인스턴스와의 연결 없이 완전히 새로운 인스턴스를 생성한다. 이것은 동일한 독립된 함수에 새로운 데이터를 건네고 서버의 부하에 따라 필요시 새로운 서버를 실행함으로써 신속하고 쉽게 확장할 수 있게 해준다.

이는 FaaS 서비스가 세상에 무지하다는 의미는 아니다. 서비스가 갑자기 생기거나 사라지면 분산 데이터베이스에 데이터를 저장하고 이들 데이터에 종속된 작업을 수행할 수 있다. 예를 들어 함수가 동시에 실행되는 모든 다른 함수에서 공급되는 숫자들의 합이 필요할 때(예를 들어 실행 집계), 데이터베이스가 다른 함수와 함께 관리할 수 있다. 다음에 프로그램이 일일 총 적중 횟수를 요청할 수 있고 또 다른 함수가 데이터베이스나 로그를 쉽게 조사해 어떤 것도 저장하지 않고 정보를 얻을 수 있다.

이것이 FaaS의 주요 이점 중의 하나다. 우리는 프로그래머로서 서버를 염두에 두고 코드를 디자인하지 않는다. 클라우드 기반 응용프로그램 개발에 익숙하다면 두 기계 사이에 업무를 나눌 수 있다. 코드를 실행하려면, 클라우드 서비스 제공자에게 완전히 새로운 서비스를 실행하도록 요청해야 한다. 만약 단일 기계만을 위한 응용프로그램을 구축한다면, 메모리와 처리 능력이 제한될 수 있다. 분산 기술이 발전했다 하더라도 대부분의 프로그램은 복수의 기계로 확장하는 데 최적화돼 있지 않다. 요컨대 이전의 많은 프로그램은 실제로(또는 이론적으로) 제대로 확장될 수 없으며 최적화되지 않은 코드가 실제 트래픽을 만나면 이루 말할 수 없는 문제가 발생한다.

이와 반대로 서버리스 함수를 프로비저닝하는 것은 마이크로서비스와 함께 잘 동작한다. 고립된 입출력 단위인 함수는 거의 그 자체로 나노 서비스[Nanoservices16]다. 마이크로서비스 아키텍처를 구축하기 위해 함수를 사용하는 것은 아주 쉽다.

개발자에게 FaaS의 장점은 유일한 매개변수가 코드라는 것이다. 이 코드는 한 대 또는 수천 대의 기계에서 실행되며, 각 함수는 담당하는 모니터를 수신하면서 실행되는 코드만 비용을 지불하게 한다. 그리고 클라우드 제공자는 기계를 시작 또는 정지하거나 이전 경험을 바탕으로 트래픽을 예측하는 등의 신경을 쓴다. 여기서 '서버리스'라는 이름은 서버가 없다는 뜻이 아니다. 서버는 있지만, 서버를 관리하는 것은 공급자의 문제일 뿐이다.

이론적으로 이것은 개발자들에게 절대적인 힘을 부여한다. 요청을 한 개만 보내든, 백만 개를 보내든 공급자는 모든(서버가 아닌) 함수가 지속적으로 실행되는 것을 보장해야 한다. 이런 서비스들을 배포하는 순간 공급자는 코드를 실행하기 시작하며 부하 분산, 시간 제한, 정지 시간 등을 포함해 개발자가 걱정할 필요가 없는 많은 문제를 해결해야 한다.

가정용 컴퓨터의 Microsoft Word는 중지할 때까지 항상 열려 있다. 이것은 워드가 이론적으로 맞춤법 검사, 형식 맞추기 및 페이지 매기기와 같은 기능을 사용할 의향이 없을 때에도 대기하고 있다는 것을 의미한다. Microsoft Word는 매우 큰 모놀리식 프로그램이며 프로그램의 각 구성요소는 다른 모든 구성요소를 잘 알고 있다. 이런 프로그램은 실제적인 의미에서 워드를 개발하는 시점에 분리하기가 매우 어려우며 프로그램 전체를 처음부터 다시 작성하지 않는 한 FaaS 모델로 구현하기가 거의 불가능할 것이다.

이것이 바로 함수형 경로를 출발하는 개발자들이 함수를 매우 세분화되고 끊어진 방식으로 보기 시작해야 하는 이유다. 스테이트리스인 함수는 매우 단순하며 쉽게 확장된다. 서버리스 컴퓨팅에서는 함수 중 하나를 호출해 동작시키는 이벤트가 일어날 때까지는 작성된 모든 함수가 대기 상태이다. 함수가 작업을 하면 다른 서비스와 함수를 호출할 수 있고 작업이 끝나면 다시 대기 상태가 된다.

---

16   마이크로서비스보다 작은 규모의 서비스로, 한 가지 업무를 처리하면서 자체의 API 종점을 가진다. - 옮긴이

또한 내용을 알 필요 없는 여러 가지 코드 조각을 FaaS 공급자들이 보유하고 있을 것이다. 이 코드는 툴체인[toolchain17]의 다른 함수들을 깨우고 요청을 실행한 후 종료할 것이다. 그러나 이 경우 모든 것이 이벤트에 따라 실행되고 처리가 종료될 때 중지된다. 사실 FaaS는 본질적으로 효율성을 촉진한다. 단순성은 아주 중요하며 함께 엮여 있고 사용 후에는 파괴되는 단순한 함수라는 관점으로 생각하면서 점점 더 세분화된 프로그래밍 습관을 만들기 시작한다.

FaaS 사고의 또 다른 예는 소셜 미디어의 게시물에 '좋아요' 표시를 하는 것이다. 예를 들어 모든 사용자에게 '좋아요'를 표시하고 싶다고 가정해보자. 웹 사이트는 '좋아요'를 계산하고 결과를 전달한 후 다른 사람이 호출할 때까지 잠들 수 있는 서버 함수를 호출한다. 표면상으로는 이미 가용한 것과 동일한 종류의 기술인 것처럼 보인다. 그러나 FaaS에서는 함수가 완전히 휴면 상태다. 또한 함수가 수천 개의 호출을 받으면, URL을 일치시켜 숫자를 반환하는 간단한 HTT 요청으로 축소할 수 있다. 함수를 간결하게 줄이면 절대적으로 단순한 환경이 만들어진다.

함수에는 상태나 사전 지식이 없다. '좋아요' 수를 요청하면 함수는 저장소를 요청하지 않고 데이터를 수집해 돌려보내는 작업에 전념한다. 마지막까지 호출이 오면, 이벤트는 함수가 작업을 수행하는 데 필요한 모든 데이터를 끌어온다. 그렇다고 블랙박스라는 뜻은 아니다. '좋아요'를 계산하려면 데이터베이스에 지금까지 수집된 '좋아요' 수를 문의해야 한다. 그러나 이 프로세스는 즉각적이며 현명하게 데이터베이스를 설계해 실행 시간을 더욱 단축할 수 있다. 함수는 데이터를 보유하지 않지만, 데이터베이스는 좀 더 똑똑하기 때문에 저장 프로시저[stored procedure18]나 비슷한 함수를 이용해 데이터가 언제 출력될 지 예상할 수 있다.

다시 말하지만, 함수는 이전의 실행 또는 잠시 후에 실행되는 것에 대해 아무것도 알지 못한다. 기억상실증처럼 모든 것을 잊어버린다. 이벤트가 실행될 때 사용자나 데이터 저장소

17　주로 다른 컴퓨터 또는 시스템의 소프트웨어 제품을 만드는 데 사용되는 컴퓨터 프로그램 개발 도구들의 집합. 일반적으로 여기에 포함된 개발 도구들은 연쇄적으로 사용된다. - 옮긴이
18　데이터베이스 내부에 저장된 일련의 SQL 명령문들을 하나의 함수처럼 실행하기 위한 쿼리의 집합 - 옮긴이

에서 알려주지 않은 것은 아무것도 알지 못한다. 이런 방식으로 동일한 함수의 많은 인스턴스를 문제 없이 병렬로 실행할 수 있다.

함수 구현

함수 중 일부를 코딩할 때가 되면 먼저 함수가 유동적이라는 것을 기억해야 한다. 원하는 대로 제거하고 추가하고 변경할 수 있다. 동일한 입력을 받아 동일한 유형의 값들을 출력하면 상호 교환될 수 있다.

모든 프로그램에는 시작 프로시저 집합이 필요하다. 이들은 어떤 함수가 언제 반드시 수행돼야 하는지를 알려주는 프로시저들이다.

예를 들어 브라우저에서 어떤 HTTP 호출이 만들어지면 입력 데이터를 처리하는 함수가 시작될 수 있다. HTTP 요청 이벤트가 함수 실행을 시작한다고 할 수 있다. 또는 데이터베이스가 있어서 일부 데이터 레코드가 변경되면 수정된 데이터를 입력으로 하는 데이터 변경 이벤트와 다른 함수의 실행을 시작할 수도 있다. 이런 식으로 여러 차례 실행할 수도 있다. 먼저 HTTP 요청은 데이터베이스에 쓰는 함수를 실행하고 다시 변경을 감지해 수정된 데이터로 뭔가를 수행하는 다른 함수를 실행한다.

좀 더 상세한 예를 들어보자. 데이터베이스에 사용자 목록을 생성하는 이벤트가 있고 사용자의 상태를 변경하는 함수가 있다고 가정해보자. 사용자 상태 변경이 감지되면 모바일 응용프로그램으로 통지하는 함수를 실행한다. 이런 함수들은 코딩하기 쉽다. 사용자 데이터를 받아 상태를 체크하고 변경됐으면 통지를 전송하는 다른 함수를 호출한다.

이 접근법은 파일 저장소 영역에서도 잘 동작한다. 파일 또는 블록의 집합을 만든 후 웹 사이트를 이용해 파일을 보내고 받을 수 있다. 특정 유형의 파일이 기록될 때 실행되는 이벤트를 설정할 수 있다. 이미지가 해당 폴더에 저장되면 발견된 모든 얼굴에 고양이 귀를 얹는 함수가 트리거되게 하는 이벤트가 실행될 수 있다. 좀 더 실용적으로 활용하려면 머신러닝 함수를 사용해 얼굴에 관련된 학습을 시작할 수 있다.

실제로 사진 속에서 특정 유형의 다리와 발을 가진 테이블처럼 특정 항목을 찾는 경우가 있다. 이런 종류의 작업은 어렵기 때문에 중요하며(장면에서 테이블의 일부를 식별하는 것은 어려운 작업이다), 이들을 인식하도록 네트워크를 교육하면 해당 모델을 다른 앱에서 사용할 수 있다.

이벤트 기반 아키텍처

이전 예제를 좀 더 자세히 살펴보자. 테이블 사진을 업로드하면 데이터베이스에서 일련의 이벤트가 일어나 테이블 이미지가 업로드됐다는 통지가 반환된다. 코드를 많이 작성할 필요가 없기 때문에 이 프레임워크를 머신러닝 모형을 작성하는 데 사용한다. 함수에 필요한 코드는 업로드 처리자, 테이블을 찾는 함수, 통지자로 매우 단순하다.

이것이 이벤트 기반 아키텍처event-driven architecture의 바탕이며 함수형 프로그래밍에서 매우 중요한 또 다른 조직 패턴이다. 여기서 함수들은 늘 어떤 종류의 이벤트들에 의해 발생하며 이벤트는 어떻게 발생하는지에 관련된 정보를 포함하고 있다. 여러 이벤트 처리자(여기서는 함수)는 이벤트에 응답하고 정보를 처리하며 다른 함수가 응답할 수 있는 새 이벤트를 보낼 수도 있다. 그뿐 아니라 클라우드 공급자가 제공하는 어떤 서비스도 데이터베이스가 데이터의 변경을 감지하거나 파일 저장소가 새 파일이 생성될 때 반응하는 것과 같은 이벤트의 근원이 될 수 있다.

이런 종류의 조정 패러다임은 클라우드 공급자가 함수형 프로그래밍으로 모든 것을 한데 모아 제공하는 복잡한 함수를 사용하는 데 적합하다. 그 결과, 맞춤형 코드가 거의 필요하지 않고 비교적 확장하기 쉬우며 기존의 복잡한 기능을 재사용할 수 있는 환경이 만들어진다.

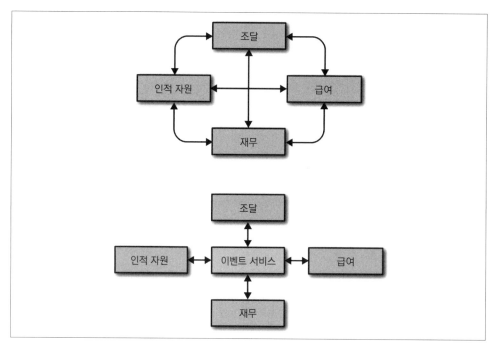

그림 2-4 이벤트 기반과 비 이벤트 기반 아키텍처 간의 비교

이벤트 기반 방식으로 실행 및 동작하는 코드를 개발하면 무엇에든 반응할 수 있는 도구를 만들 수 있다. 이것은 학습 시스템을 웹 페이지나 광범위한 지역에 분산된 매우 빠른 센서들과 연결할 수 있다는 것을 의미한다. 한 가지 재미있는 사실은 이벤트 기반이면서 어떤 임계치에 도달할 때만 활성화되는 하드웨어를 개발할 수 있다는 점이다. 그 결과, 배터리 수명이 늘고 일정한 수준을 충족하는 데이터만 판독기에 도달할 수 있다.

산발적인 데이터가 이 시스템에서 사용할 수 있는 유일한 형식은 아니다. 예를 들어 병원에서는 대량의 의료 데이터를 모니터링 시스템을 이용해 보낸 후 전송된 데이터의 미묘한 변화만을 찾을 수 있다. 각 함수가 분리돼 있기 때문에 컴퓨팅 성능이 별로 요구되지 않는 대신, 데이터베이스에서 이상 징후 데이터를 찾을 수 있는 신속한 적중 능력이 필요하다.

실시간 처리의 의미

서버리스 시나리오에서는 이런 모든 것을 쉽게 구축할 수 있다. 이런 패러다임이 나타나기 전에는 개발자들이 데이터 덩어리만 저장한 후 오프라인에서 분석할 수 있었다. 예를 들어 일년 간의 데이터를 되돌려 보면서 분석하고자 한다고 가정해보자. 서버 기반 아키텍처로는 모든 데이터를 시스템에 연속으로 입력한 후 한 번에 한 덩어리로 처리한다. 서버리스 아키텍처에서는 데이터를 한 번에 분석할 수 있는 수백만 개의 노드로 쪼갤 수 있다. 이것으로 이상 징후를 실시간으로 체크할 수 있다.

병원의 사례를 다시 살펴보자. 모든 환자 데이터를 한 번에 분석하면 환자의 건강 상태가 변화된 시점을 특정할 수 있고 특정 상황이 발생하기 전후에 어떤 일이 일어났는지도 이해할 수 있다. 그 결과, 변경되는 변수가 대량으로 제공될 때 환자(또는 다른 응용프로그램, 주식 시장이나 날씨 센서)에게서 예상되는 행동을 추정하기 위해 비슷한 행동을 예측하는 방법론을 제공한다.

이런 방식으로 머신러닝을 활용하면 선형 진행에 대비되는 지수 진행이 보장된다. 한 번에 많은 데이터 포인트를 소비할 수 있기 때문에 오래 보관됐거나 원격 측정 데이터 또는 센서 입력에 따라 새로 생성된 방대한 양의 데이터를 두려워하지 않아도 된다. 머신러닝 모형은 모든 것을 볼 수 있고 모든 것으로부터 학습할 수 있다. 또한 함수를 사용하기 위해 함수 내부에서 어떤 일이 일어나는지를 이해할 필요가 없기 때문에 많은 도움이 된다. 다시 말해, 모든 정보를 모형에 공급한 후 가장 효율적이면서 병렬로 수행되는 코드 묶음을 활용해 예측할 수 있다. 그림 2-5에서는 함수의 코드가 모듈들 사이에서 어떻게 데이터의 흐름을 엮는 접착제가 되는지를 나타낸 것이다.

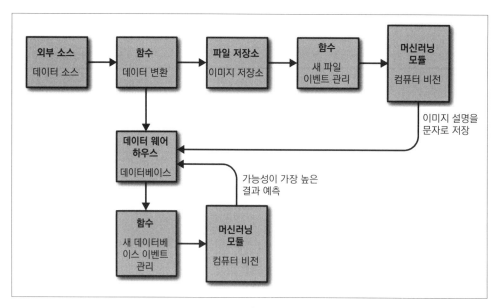

그림 2-5 머신러닝의 서버리스 이벤트 기반 아키텍처를 단순화한 예제

요약 및 미리 보기

1장과 2장에서 클라우드 및 서버리스 인프라, 머신러닝 및 딥러닝, 함수형 프로그래밍 그리고 일반적인 소프트웨어 아키텍처와 관련된 내용을 다뤘다. 이제 각 영역의 기본을 알아봤을 뿐이다. 탐구할 주제가 많으므로 좀 더 자세히 알아보길 권장한다.

3장에서는 Azure를 사용해 작업 시스템을 구축하며, 서버리스와 지능형 서버리스 응용프로그램과 관련해 좀 더 상세하고 실용적인 내용을 알아본다.

3장

Microsoft Azure의 서버리스 응용프로그램 인터페이스

1장과 2장에서 언급했듯이 서버리스 환경은 개발자에게 이로운 만큼 클라우드 공급자에게도 도움이 될 수 있다. 기계가 항상 작업을 위해 동작하고 유휴 상태가 아니므로 공급자에게 도움이 되며 서버 관리를 고려할 필요가 없기 때문에 개발자에게 이롭다. 이제 Azure 플랫폼에서 사용할 수 있는 많은 객체, 메소드 및 함수에 접근하는 방법으로 응용 프로그래밍 인터페이스^{application programming interface, API}라는 다른 개념을 소개한다.

서버리스 플랫폼의 API

API는 한 프로그램이 다른 프로그램과 통신하는 방법이다. 서버리스 머신러닝 솔루션을 구축하려는 경우, 클라우드 공급자는 코드를 여러 프로그래밍 언어로 지원할 수 있다. 그러나 공급자가 어떤 서버리스 API를 제공하는지도 고려해야 한다.

서버리스 코드를 배포할 때 의미 있는 작업을 수행하려면 다른 서비스와 인터페이스해야 한다. 예를 들어 데이터베이스와 파일 시스템에서 데이터를 읽고 기록해야 한다. 그러나 미리 교육된 머신러닝 모듈로부터 IoT 장치에서 데이터를 수집, 이벤트와 조정 및 통신, 보안 관리, 자체 API를 노출하기 위한 서비스에 이르기까지 다양한 서비스도 사용할 수 있다.

첫 번째 단계는 하나의 서버리스 클라우드 공급자를 선택해 여기서 제공하는 다른 서버리스 API들을 찾아보는 것이다. 프로그램과 연동할 수 있는 머신러닝 서비스까지 제공하는 서버리스 응용프로그램 클라우드 공급자는 많다. 이 책에서는 Microsoft가 제공하는 서버리스 클라우드 서비스인 Azure Functions으로 작업한다. 그러나 다른 공급자를 선호한다면 여기서 제시하는 핵심 개념, 이론적 지식 및 문제 해결 능력을 동일하게 활용할 수 있을 것이고 다른 마이크로서비스 플랫폼에 적용하는 데 문제가 없을 것이다.

Azure 소개

여러 클라우드 공급자 중에서 Azure를 선택해야 하는 이유는 무엇인가? 여기에는 여러 가지 이유가 있다. 과거의 Microsoft를 떠올려본다면 '이 회사가 Windows 운영체제에 어떻게 모든 것을 묶었지?' 하는 의문이 들 것이다. Microsoft가 크게 바뀐 지는 이미 오래됐다. .NET Core와 Functions Core와 같은 Azure 관련 도구들은 오픈소스로 제공되며 모든 운영체제에서 사용하거나 동작할 수 있도록 하기 위해 노력하고 있다.

Azure가 코드를 실행할 때 사용하는 서버리스 프레임워크는 블랙박스가 아니라 어떤 컴퓨터에나 설치해 서버리스 프로그램을 개발, 테스트 및 디버깅할 수 있는 환경이다. Azure Functions에서 사용할 수 있었던 첫 번째 프로그래밍 언어는 C#이었지만, 이제 JavaScript(Node.js), Python, Java, F# 및 PowerShell을 포함한 여러 다른 언어와 함께 사용할 수 있으며 계속 추가되고 있다.

Azure를 다른 공급자와 차별화하는 것은 Azure Portal이다. 다음과 같은 역할을 하는 통합 배포 파이프라인을 구축하려면 강력한 데브옵스DevOps[1] 도구를 사용할 수 있다.

- 코드의 새 버전 배포를 자동화한다.

---

[1] 개발(Development)과 운영(Operations)의 합성어로, 개발 업무와 관리 업무로 나눠진 기존 두 역할 사이의 커뮤니케이션, 협업, 통합을 강조하는 새로운 개념 및 접근법이다. – 옮긴이

- 코드를 소스 제어 프레임워크에 저장한다.
- 응용프로그램의 새 버전이 라이브로 전환돼야 할 때 단위 및 통합 테스트를 처리해 사용할 준비가 됐는지 확인한다.

소비 계획^{Consumption Plan2}에서는 실행당 지불 정책이 빠진 전용 계획^{App Service Plan3} 가격 정책으로 빠르게 전환할 수 있다.

Azure Portal은 보안, 재해 복구, 중복, 가용성 및 확장성을 관리하는 통합된 도구를 제공한다. 첫 해에 여러 가지 무료 서비스를 제공하고(표 3-1 참조) 다른 많은 서비스가 항상 무료(표 3-2)인 매우 비용 효과적인 솔루션이다. 백만 개의 함수 호출이 항상 무료이며 500 또는 404 Not Found 에러로 끝나는 호출은 요금이 부과되지 않는다는 것을 쉽게 알 수 있다. Azure 웹 사이트에서 계정 생성(https://azure.microsoft.com/ko-kr/free/), 향후 비용 추정 (https://azure.microsoft.com/ko-kr/pricing/calculator/) 및 Azure 청구 기능을 이용해 비용을 제어하고 예기치 않은 요금(https://docs.microsoft.com/ko-kr/azure/billing/billing-getting-started) 등에 관련된 자세한 내용을 확인할 수 있다.

표 3-1 12개월 동안 무료인 Azure 제품

제품	사용 한도
Linux VM	750 시간
Windows VM	750 시간
Managed Disks	64 GB x 2
Blob Storage	5 GB
SQL Database	5 GB
Cosmos DB	5 GB
Data Transfer	15 GB

---

2 들어오는 이벤트 수에 따라 자동으로 규모를 조정하고 함수를 실행하는 경우에만 컴퓨팅 자원에 관련된 요금이 청구되는 서버리스 가격 정책이다. - 옮긴이
3 웹 응용프로그램과 같은 다른 App Service 자원의 경우와 마찬가지로 함수 응용프로그램에 대해 동일한 비용을 지불하는 가격 정책 - 옮긴이

항상 무료인 Azure[4] 제품[56]

제품	사용 한도
Functions	매월 100만 건의 요청
Machine Learning Service	무료. 소비된 Azure 자원에 관련된 지불
Machine Learning Studio	실험당 100개 모듈
Face API	매월 3만건의 거래
Translator Text API	200만 자
Azure DevOps	5명의 사용자(무제한 비공개 Git 저장소(Git repositories))[5]
App Service	10개의 앱
Azure Kubernetes Service	무료
Microsoft IoT Hub	하루 8,000개의 메시지
Data Factory	낮은 활동 빈도 5회(Five activities low frequency)
Service Fabric[6]	무료

Azure 일반 서비스

Azure에서는 많은 서비스를 선택적으로 사용할 수 있다.

Azure Functions

　　이벤트 기반 서버리스 컴퓨팅 서비스

4　이 책에서 사용된 Microsoft Azure 제품명은 Microsoft가 자사의 홈페이지 및 기술 자료에서 사용하는 방식을 따라 부득이한 경우를 제외하고는 영문 제품명을 사용한다. 개별 제품에 대한 상세한 내용은 Microsoft Azure 홈페이지(https://azure.microsoft.com/ko-kr/)를 참조하기 바란다. – 옮긴이

5　GitHub(GitHub)에서 프로젝트가 거주(live)할 수 있는 디렉터리나 저장 공간. 로컬 컴퓨터 안의 폴더가 될 수도 있고 GitHub나 다른 온라인 호스트의 저장 공간이 될 수도 있다. 비공개 저장소(Private Repository), 공개 저장소(Public Repository), 내부 저장소(Internal Repository)로 구분된다.

6　높음(high, 하루 1회 초과) 또는 낮음(low, 하루 1회 이하)으로 구분하는 Data Factory 활동 빈도 – 옮긴이

Cosmos DB

Azure 지역^{Region}에 상관없이 전 세계에 배포하기 위한 크기 조정과 복제가 가능한 데이터 서비스

API Management

API 관리를 사용해 외부, 파트너 및 내부 개발자에게 안전한 대규모 API를 게시할 수 있다.

Blob Storage

비정형 데이터를 위한 대규모 확장 가능한 객체 저장소

Cognitive Services

앱, 웹 사이트 및 봇에 지능형 알고리즘을 적용해 자연스러운 통신 방법으로 사용자의 요구를 보고, 듣고, 말하고, 이해하고, 해석한다.

Machine Learning Studio

데이터에 대한 예지 분석 솔루션을 구축, 테스트 및 배포하는 데 사용할 수 있는 협업형 드래그 앤 드롭^{drag-and-drop} 도구다. 모형을 사용자 맞춤형 앱 또는 엑셀^{Excel}과 같은 비즈니스 인텔리전스^{Business Intelligence, BI} 도구에서 쉽게 사용할 수 있는 웹 서비스 형태로 게시한다.

Azure Kubernetes Service

kubelets 컨테이너를 총체적으로 관리하는 조율 서비스

Logic Apps

통합 솔루션 구축 및 워크플로 조율자

IoT Hub

수십억 개의 IoT 자산을 연결, 모니터링, 관리한다.

Stream Analytics

간단한 SQL과 비슷한 언어를 사용해 복수의 IoT 또는 비 IoT 데이터 흐름에서 실시간으로 대규모 병렬 분석을 쉽게 개발하고 실행할 수 있다.

SignalR Service

서버와 클라이언트 간의 양방향 통신을 허용한다. 서버가 가용해지는 즉시, 연결된 클라이언트로 콘텐츠를 밀어낼 수 있다.

Content Delivery Network[CDN]

탑재 시간을 줄이고 대역폭을 절약하며 응답 속도를 높일 수 있다.

Event Grid

모든 출처에서 모든 대상에 이르는 모든 이벤트에 대한 경로를 관리하기 위한 단일 서비스

Service Bus

응용프로그램과 서비스 간의 고신뢰성 클라우드 메시징 서비스로, 하나 이상이 오프라인 경우에도 지원된다.

Event Hubs

간단하고 신뢰할 수 있으며 확장 가능하고 총체적으로 관리되는 실시간 데이터 수집 서비스다. 어떤 출처에서 오든 상관없이 초당 수백만 개의 이벤트를 흐르게 해 동적 데이터 파이프라인을 구축하고 비즈니스 과제에 즉시 대응한다.

Data Lake

개발자, 데이터 과학자 및 분석가가 어떠한 크기, 모양 및 속도의 데이터이든 쉽게 저장하고 플랫폼 및 언어 전반에 걸쳐 모든 유형을 처리 및 분석할 수 있다.

SQL Data Warehouse

기업을 위한 빠르고 유연하며 안전한 클라우드 데이터 웨어하우스

Data Factory

데이터 통합을 대규모로 생성하거나 일정을 계획하고 관리한다.

이 책에서는 주로 Azure Functions, Cognitive Services 및 Machine Learning Studio 를 사용한다. 파일을 저장하기 위해서는 Blob Storage가 필요하고 데이터베이스는 API Management 및 Cosmos DB로 관리한다. 마지막으로 Azure Kubernetes Service를 사용 해 자체 컨테이너를 준비하고 클라우드에 배포한다.

Azure Cognitive Services는 다음과 같은 도구를 제공한다.

시각^{Vision}

이미지 또는 동영상에 있는 내용을 해석하고 기록된 텍스트와 얼굴을 인식하며 콘텐츠 를 조정하기 위한 플래그를 지정하는 데 유용한 이미지 처리 알고리즘이다. 다음과 같은 기능을 포함한다.

- 컴퓨터 비전(이미지)
    - 이미지 분류
    - 장면 및 활동 인식
    - 유명 인사 및 지역 상징 인식
    - 광학 문자 인식(OCR)
    - 필기 인식

- 얼굴(이미지)
    - 얼굴 감지
    - 개인 식별
    - 감정 인식

- — 비슷한 얼굴 인식 및 그룹화

- 동영상 색인자(동영상)
  - — 얼굴 감지
  - — 객체, 장면, 활동 감지
  - — 메타데이터, 소리, 키프레임 추출과 분석

- 콘텐츠 조정자
  - — 이미지 및 동영상에서 외설적이거나 불쾌한 콘텐츠 조정
  - — 맞춤 이미지 및 텍스트 목록으로 일치하는 콘텐츠를 차단하거나 허용
  - — 인간 조정자의 피드백을 포함하는 도구

- 맞춤형 비전
  - — 사용자 맞춤 이미지 인식

지식 Knowledge

지능형 추천 및 의미 체계 검색과 같은 작업에 복잡한 정보와 데이터를 대조시켜 공통으로 요청된 정보와 관련된 간단한 설명을 구성한다. 다음과 같은 기능을 포함한다.

- QnA 메이커
  - — 구조화되지 않은 텍스트에서 QnA 추출
  - — 수집된 QnA에서 지식 기반 생성
  - — 지식 기반에 관려된 의미 체계 일치

언어 Language

자연어를 처리하고 감정을 평가하고 사용자가 원하는 것을 인식한다. 맞춤법을 검사하고 텍스트와 문맥 이해를 조정한다. 다음과 같은 기능을 포함한다.

- 텍스트 분석
  - — 명명된 실체 인식

- 핵심 문구 추출
- 텍스트 감정 분석

- 번역기 텍스트
  - 자동 언어 감지
  - 자동화된 텍스트 번역
  - 사용자 맞춤 번역

- Bing 맞춤법 검사
  - 웹 규모, 다국어 맞춤법 검사
  - 문맥 맞춤법 검사

- 콘텐츠 조정자
  - 이미지 및 동영상에서 외설적이거나 불쾌한 콘텐츠 조정
  - 맞춤 이미지 및 텍스트 목록으로 일치하는 콘텐츠를 차단하거나 허용
  - 인간 조정자의 피드백을 포함하는 도구

- 언어 이해
  - 문맥 언어 이해

음성 Speech

음성을 텍스트로 텍스트를 음성으로 변환한다. 음성을 사용해 인증하고 말한 사람을 인식하며 실시간으로 번역한다. 다음과 같은 기능을 포함한다.

- 음성 텍스트 변환
  - 자동 음성 인식 및 음성 필사(음성 텍스트 변환)
  - 사용자 맞춤 음성 인식 및 음성 필사(음성 텍스트 변환)
  - 독특한 어휘 또는 억양을 위한 사용자 맞춤 음성 모형

- 말한 사람 인식
  - 말한 사람 식별
  - 말한 사람 인증

- 텍스트 음성 변환
  - 텍스트를 음성으로 자동 변환
  - 텍스트 음성 변환을 위한 사용자 맞춤 가능한 음성 글꼴voice fonts[7]

- 음성 번역
  - 실시간 번역
  - 자동화된 음성 번역
  - 사용자 맞춤 번역

검색Search

앱에 검색 API를 추가하고 단일 API 호출로 수십억 개의 웹 페이지, 이미지, 동영상 및 뉴스 입력을 탐색하는 기능을 활용할 수 있다. 자동 제안, 뉴스 검색 및 추세 식별에 사용하고 실체를 식별하고 분류하는 데 사용한다. 다음과 같은 기능을 포함한다.

- Bing 웹 검색
- Bing 사용자 맞춤 검색
- Bing 이미지 검색
- Bing 지역 비즈니스 검색
- Bing 자동 제안
- Bing 뉴스 검색
  - 인기 주제 식별

- Bing 동영상 검색
  - 동영상 주제 및 경향 식별

- Bing 시각적 검색
  - 이미지 식별 및 분류

---

7   음성 합성 시스템에서 합성음을 만들기 위해 준비해 놓은 정보의 집합체 – 옮긴이

- — 이미지에서 지식 습득
- — 비슷한 이미지 식별

- Bing 실체 검색
  - — 명명된 실체 인식 및 분류
  - — 명명된 실체에 관련된 지식 습득

Cognitive Services에 대한 추가 정보는 https://azure.microsoft.com/ko-kr/services/cognitive-services/에서 찾을 수 있다.

지능 추가

Microsoft Azure Functions 시작

4장에서는 Azure Functions를 사용해 서버리스 응용프로그램을 만든다. 이어서 Python으로 기본 함수를 작성하며 Azure Blob을 사용해 파일 및 데이터를 저장하거나 검색하는 방법을 보여준다.

Azure Functions

Azure Functions로 작업을 시작하려면 먼저 Azure에서 서비스에 사용하는 용어를 이해해야 한다.

함수Functions

서로 다른 이벤트에 관련된 응답으로 다양한 함수를 호출하고 결과를 반환한다. 함수는 일반적으로 스테이트리스지만 데이터베이스 및 기타 리소스와 상호작용할 수 있다. 소비 계획(실행 단위 지불 가격 모델)으로 Azure Functions를 사용하려면, 기본적으로 함수를 실행하는 데 5분 이상 걸리지 않아야 한다. 시간 제한 속성을 변경해 시간을 10분으로 연장할 수 있다.

함수 앱 Function Apps

여러 함수가 URI Uniform Resource Identifier[1] 및 기타 구성에 관련된 도메인 이름을 공유하는 앱으로 그룹화된다. 함수 앱은 확장의 단위다. 함수 앱의 확장이 필요하면 Azure Functions 호스트의 여러 인스턴스 실행을 위해 리소스가 추가로 할당된다. 이와 반대로 계산 수요가 줄어들면 확장 제어기가 함수 호스트 인스턴스를 제거한다. 인스턴스 수는 함수 앱 내에서 실행되는 함수가 없을 때 0으로 축소된다.

함수 프로젝트 Functions Project

일반적으로 특정 함수 앱과 관련된 모든 소스 코드가 저장되는 로컬 폴더를 나타낸다.

리소스 그룹 Resource group

동일한 수명 주기, 사용 권한, 정책을 공유하는 리소스의 모음으로, 하나 또는 여러 함수 앱에 직접 할당하는 것이 더 쉽다.

트리거 및 바인딩 Triggers and bindings

트리거는 함수가 호출되는 방법을 정의한다. 일반적인 트리거는 REST API 연동에 대한 HTTP/S 호출이지만 여러 가지 방법으로 함수를 호출할 수 있다. 예를 들어 저장소 영역에서 파일이 생성되거나 데이터베이스에서 데이터가 변경될 때, 함수가 자동으로 호출될 수 있다. 함수 구성에 입출력 바인딩을 선택적으로 추가해 함수를 처리하는 데 필요한 관련 서비스로부터 오는 데이터를 설명할 수 있다.

이제 Azure Portal을 이용해 함수 앱을 만들어보자. 로컬 개발을 위한 필수 사항을 모두 설치한 후 로컬 컴퓨터에 함수 프로젝트를 만들고, HTTP 요청 이벤트에 따라 트리거되는 함수를 추가하며, 로컬에서 실행해 함수를 테스트하고 함수 앱에 배포해 온라인으로 다시 테스트하는 방법을 보여주고자 한다. 또한 Visual Studio Code를 사용해 새 함수 프로젝트를 만들고 새 함수를 생성, 실행 및 디버깅하는 방법도 살펴보자.

---

1   인터넷상의 리소스를 식별하기 위한 문자열의 구성. URI의 한 형태인 인터넷상의 리소스 위치를 나타낸다. - 옮긴이

Azure Portal을 사용해 함수 앱 만들기

가장 먼저 해야 할 일은 Azure 계정 만들기(https://azure.microsoft.com/ko-kr/free/serverless/)다.

 이 URL과 이 책의 다른 URL은 나중에 변경될 수 있다.

Azure Portal 대시보드(그림 4-1 참조)의 왼쪽 패널에서 리소스 만들기를 클릭한 다음 리소스 목록에서 함수 앱을 선택한다.

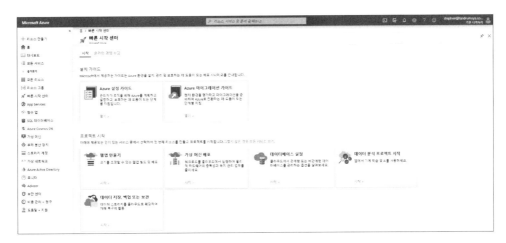

그림 4-1 Azure Portal 대시보드

사용자 지정할 수 있는 몇 가지 옵션이 나타난다.

앱 이름

이 이름은 함수 앱에서 생성한 리소스의 URL에도 사용된다.

구독

사용할 결제 계정이다.

리소스 그룹

함께 관리하려는 여러 Azure 서비스를 그룹화하는 이름이다. 새로 만들기를 선택한다.

 이 책을 쓰는 시점에서 Python FaaS는 미리 보기 단계다. 이 기능은 사용할 수 있고 문서
화도 잘돼 있지만, 일부는 최적화되지 않았거나 전체를 사용하지 못할 수도 있다는 뜻이다.
Microsoft가 신규 서비스를 미리 보기 상태로 오래 내버려두는 경우는 드물기 때문에 사용자
들이 새 기술을 미리 접할 수 있는 방법이다.

이제 몇 가지 특정 옵션을 선택해야 한다(그림 4-2 참조).

OS

Linux를 선택한다.

게시

코드를 선택한다.

런타임 스택

Python으로 설정한다.

저장소

Azure에서 코드가 저장되는 위치다. 새로 만들기를 선택한다.

Application Insights

이것을 활성화해 모니터링 데이터를 수집하고 함수 앱의 사용 및 최적화에 관련된 권장
사항을 받을 수 있다.

기능 앱
만들기

앱 이름 *
AcornTest   ✓
.azurewebsites.net

구독 *
종량제   ✓

리소스 그룹 * ⓘ
● 새로 만들기   ○ 기존 그룹 사용
AcornTest   ✓

OS *
Windows   **Linux**

게시 *
코드   Docker 컨테이너

호스팅 계획 * ⓘ
사용량 요금제   ✓

위치 *
북유럽   ✓

런타임 스택 *
Python   ✓

저장소 * ⓘ
● 새로 만들기   ○ 기존 항목 사용

acorntest9982

만들기   자동화 옵션

그림 4-2 함수 앱에 관련된 옵션 설정

만들기를 클릭한다. 생성 프로세스가 종료되는 데 몇 분 정도 걸리며 프로세스가 종료되면 알림 기능으로 통지해준다. 함수 앱이 준비되면 즉시 볼 수 있다. 그림 4-3과 같이 대시보드에 표시되는 빠른 링크인 알림 메시지를 클릭하거나 왼쪽 메뉴에서 모든 리소스를 선택한 후 함수 앱을 검색해 작업을 시작한다.

그림 4-3 함수 앱이 준비 중이라는 알림을 표시하는 Azure 대시보드

함수 앱 웹 페이지에서 앱을 시작, 중지 또는 다시 시작하고 여러 옵션을 변경할 수 있다. 예를 들어 사용자 지정 도메인을 정의하고 인증/권한 부여 설정 및 CORS^Cross Origin Resource Sharing[2] 보안 정의를 변경하고 모니터링 및 메트릭을 구성할 수 있다.

페이지 하단에서 새 함수를 클릭한다. 그림 4-4에 설명한 대로 'VS Code' 또는 '모든 편집기 + 핵심 도구'를 사용해 프로그래밍을 할 것인지 묻는 메시지가 나타난다. 어느 것을 선택하든 해당 도구를 사용해 함수를 프로그래밍하는 방법에 관련된 간략한 자습서가 제공된다. 4장의 후반부에서 좀 더 자세히 설명한다.

예를 들어 JavaScript와 같은 다른 프로그래밍 언어를 선택한 경우, 기본 온라인 코드 편집기를 사용해 Portal 내에서 새 함수를 프로그래밍할 수 있는 세 번째 옵션이 있다. Portal 편집기를 사용하는 것은 함수 내에서 간단한 작업을 테스트하려는 경우에는 좋은 연습이지만, 함수를 본격적으로 생성하기 위한 로컬 개발 환경이 필요하다.

---

2   Cross-Site Http Request를 가능하게 하는 표준 보안 규약 - 옮긴이

그림 4-4 개발 환경 선택

로컬 개발 환경

이제 함수를 코딩할 때 필요한 로컬 환경을 준비해야 한다. 먼저 모든 필수 항목을 설치해야 한다. 하위 단락에서 참조되는 모든 소프트웨어는 오픈소스이며 모든 운영체제에서 사용할 수 있다.

.NET Core v2.x

Azure Functions는 Azure 또는 컴퓨터에서 .NET 런타임으로 실행된다. .NET 언어를 사용하지 않더라도 설치해야 한다.

.NET Core는 .NET Foundation에서 오픈소스 프로젝트로 .NET 플랫폼을 새로 구현한 것이다. Windows에서만 사용할 수 있는 .NET Framework의 최신 버전과 호환되지만, 향후 프레임워크는 중단될 것이고 모든 추가 개발은 .NET Core에 의존하게 될 것이다.

.NET Core는 NuGet3을 사용해 개별 구성요소를 설치하고 업그레이드할 수 있는 모듈형 아키텍처가 있다는 점에서 .NET Framework와 다르다. 하지만 .NET Framework는 문제를 해결하거나 새로운 기능을 배포하려면 프레임워크를 완전히 업데이트해야 하기 때문에 .NET Core에서 개발하는 것이 더 빠르다.

Microsoft 웹 사이트(https://dotnet.microsoft.com/download)에서 .NET Core v2.x를 다운로드할 수 있다.[4]

패키지 관리자

나중에 Azure Functions 핵심 도구를 설치하려면, 설치 및 향후 업데이트를 다루기 위한 패키지 관리자가 필요하다

- Linux에서는 배포판의 기존 패키지 관리자를 사용할 수 있다.
- macOS에서는 Homebrew(https://brew.sh)를 사용한다.
- Windows에서는 Chocolatey(https://chocolatey.org/)가 대안이다.[5]

또한 Node.js를 사용해 Windows에 핵심 도구를 설치할 수도 있다.

Node.js

Node.js는 Python에서 프로그래밍하는 데 꼭 필요한 것은 아니지만 JavaScript로 함수를 프로그래밍하거나 Chocolatey를 사용하지 않고 Windows에 Azure 핵심 도구를 설치하는 데 필요하다.

함수와 함께 사용할 때, 이미 11.x와 같은 안정적인 버전이 있는 경우 10.6과 같은 최신 버전을 사용하도록 알려주는 오류가 발생할 수 있다. 이것을 방지하기 위해 Node 버전 관리자

---

3   .NET 코드를 공유하는 Microsoft 지원 메커니즘으로, .NET용 패키지를 만들고 호스트하고 사용하는 방법을 정의하고 각 역할에 대한 도구를 제공한다. - 옮긴이

4   현재 .NET Core 2.0는 더 이상 지원하지 않는다(End of life). .NET Core 3.0이 Microsoft가 추천하는(Recommended) 최신 버전이며 .NET Core 3.1도 미리 보기(Preview)로 나와 있다. - 옮긴이

5   Homebrew - macOS용 패키지 관리자. Chocolatey - NuGet 기반의 Windows용 패키지 관리자 - 옮긴이

(Node Version Manager, nvm) 도구(https://github.com/creationix/nvm)를 설치하길 권장한다.

이제 다음 명령을 사용해 Node.js 버전 10.6.0으로 전환해보자.

```
nvm install 10.6.0
```

전환 후에는 설치돼 있는 노드 패키지 관리자^{Node Package Manager, npm} 패키지를 전반적으로 다시 설치해야 할 필요도 있다. 다음 명령을 사용해 올바른 버전이 실행되고 있는지 확인할 수 있다.

```
node -v
```

Azure Functions 핵심 도구 2

Azure Functions 핵심 도구는 새 함수 프로젝트를 만들고 새 함수와 관련된 코드를 프로젝트에 추가하며, 로컬 컴퓨터에서 이것을 실행하고 온라인으로 배포하는 등 다양하게 활용할 수 있는 명령줄 도구다.

이 책에서는 Python을 사용할 수 있는 버전 2.x를 사용한다. 모든 필수 사항이 준비됐다면 설치하기 쉽다.

Linux Ubuntu 18.04에서, 다음 명령을 사용한다.

```
wget -q https://packages.microsoft.com/config/ubuntu/18.04/packages-microsoft-prod.deb
sudo dpkg -i packages-microsoft-prod.deb
sudo apt-get update
sudo apt-get install azure-functions-core-tools
```

다른 Linux 배포판에 관련해서는 http://bit.ly/2UAMTur에서 설명한 안내를 참조하라.

Homebrew를 사용해 macOS에 설치할 수도 있다.

```
brew tap azure/functions
brew install azure-functions-core-tools
```

Windows에서는 관리 명령줄에서 Chocolatey를 사용한다.

```
choco install azure-functions-core-tools
```

또는 npm을 사용한다.

```
npm i -g azure-functions-core-tools --unsafe-perm true
```

Linux Ubuntu 18에서 Python 3.6 사용

Python 3.6은 이미 Linux Ubuntu 18에 설치돼 있지만, 몇 가지 고려해야 할 사항이 있다. 첫째, 명령줄에서 python을 호출하는 대신 python3을 사용해야 한다. 그리고 다음 명령을 사용해 Python을 위한 가상 환경 도구를 설치해야 한다.

```
apt-get install python3-env
```

Windows에서 Python 3.6 사용

Python의 최신 버전은 3.7[6]인데, Azure Functions에는 Python 3.6이 필요하므로 최신 버전 설치는 권장하지 않는다. 이미 업그레이드했다면 3.6 설치 프로그램(https://www.python.org/downloads/)을 다운로드하기만 하면 된다. 그림 4-5와 같이 설치 시에 Add

---

6   2019년 10월 현재 Python의 최신 버전은 3.8이다. – 옮긴이

Python 3.6 to PATH를 반드시 선택하기 바란다.

기본 설치 디렉터리는 다음과 같다.

```
c:\users\<username>\AppData\Local\Programs\Python\Python36
```

그러나 다음과 같이 모든 사용자를 위해 Customize installation을 선택해 더 짧게 변경할 수 있다.

```
C:\python\python36
```

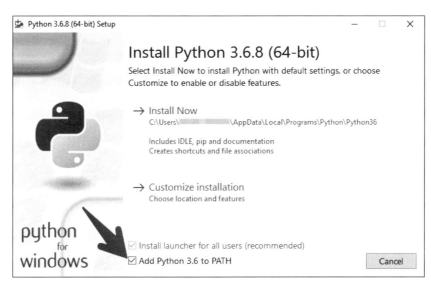

그림 4-5 Python 3.6 설치

macOS에서 Python 3.6 사용

Python 2.x는 이미 macOS에 설치돼 있으며 운영체제가 몇 가지 용도로 사용하므로 해당 버전을 변경하려 하지는 않을 것이다. 명령줄에서 다음을 사용해 실행 중인 Python 버전을 확인할 수 있다.

```
python -V
```

Homebrew는 항상 기본적으로 프로그램의 최신 버전을 설치하지만, 저장소 URL의 해시를 지정해 이전 버전을 사용하도록 지시할 수 있다. Python 3.6.7에서 이전 버전을 사용하는 방법은 다음과 같다.

```
brew unlink python
brew install https://raw.githubusercontent.com/Homebrew/homebrew-core/f2a764ef94
4b1080be64bd88dca9a1d80130c558/Formula/python.rb
```

/user/local/Frameworks 폴더에 연결할 때 오류가 발생할 수 있다. 이 경우, 해당 디렉터리를 만들고 다시 설치해야 한다.

```
sudo mkdir /usr/local/Frameworks
sudo chown $(whoami):admin/usr/local/Frameworks
```

Homebrew와 함께 여러 버전의 Python이 설치돼 있으면, 다음 명령을 사용해 Python 목록을 볼 수 있다.

```
brew info python
```

다음과 같이 다른 버전으로 전환할 수 있다.

```
brew switch python 3.6.7
```

Python용 pip 도구를 사용해 설치된 패키지는 버전을 전환할 때 다시 설치해야 하는 경우가 있다.

여러분의 환경에서 동작할지 안 할지는 모르지만, 대안은 다음과 같이 pyenv 도구를 설치해 Python 버전을 관리하는 것이다.

```
xcode-select --install
brew update
brew install pyenv
```

그런 다음, 아래 명령을 사용해 Python 버전을 설치하고 변경할 수 있다.

```
pyenv install 3.6.7
pyenv global 3.6.7
```

macOS Mojave에서 "zlib not available" 오류가 발생하면, 다음 명령을 사용해 헤더 라이브러리를 지정한다.

```
sudo xcode-select -s /Library/Developer/CommandLineTools
```

또는 실제 위치를 지정한다.

```
CFLAGS="-I$(xcrun --show-sdk-path)/usr/include" pyenv install -v 3.6.7
```

또는 Homebrew와 함께 zlib를 설치했다면, 다음을 수행해 CPPFLAGS를 설정한다.

```
CPPFLAGS="-I$(brew --prefix zlib)/include" pyenv install -v 3.6.7
```

Linux 시스템에 따라 약간의 차이가 있을 수 있다.

Git(https://git-scm.com/download)은 가장 인기 있는 버전 제어 시스템이며 여러분의 컴퓨터에 이미 설치돼 있을지도 모른다. 반드시 사용해야 하는 것은 아니지만, 함수 프로젝트를 만들 때마다 핵심 도구도 새 Git 저장소를 초기화한다.

핵심 도구를 사용해 함수 프로젝트 만들기

새 함수 프로젝트를 만들려면 Python 가상 환경$^{Python\ virtual\ environment}$을 사용해야 한다. 이것은 Python이 필요한 Python 패키지와 함께 모든 종속 항목(Python 실행 버전 포함)의 사본을 저장하는 숨겨진 폴더다. 즉, 어떤 기계에서든 프로젝트를 실행할 때마다 올바른 조건과 이미 가용한 올바른 종속 항목이 실행된다.

다음 명령은 디렉터리를 만들어 그곳으로 이동한 후 Python 가상 환경을 만들어 활성화하고, 디렉터리에서 나오고, 핵심 도구의 func 명령줄 도구를 사용해 함수 프로젝트를 초기화한다. 함수 프로젝트를 만들기 전에 Func가 Python 가상 환경을 만들고 활성화해야 하기 때문에 순서가 중요하다.

macOS와 Linux에서 Bash 셸[7]을 사용하는 명령은 다음과 같다.

```
mkdir myproject
cd myproject
python -m venv .env
source ./.env/bin/activate
cd ..
func init myproject
```

---

7 브라이언 폭스가 GNU 프로젝트를 위해 Bourne 셸을 개량해 만든 Unix 셸로, Linux 배포판의 대부분은 Bash 셸을 채택해 사용하고 있다. - 옮긴이

Fish[8]와 같은 다른 셸에서는 .env/bin 디렉터리에서 다른 activate 스크립트를 찾을 수 있다.

cmd.exe로 Windows에서 프로젝트를 만드는 것도 이와 비슷하다.

```
mkdir myproject
cd myproject
python -m venv .env
.\.env\bin\activate.bat
cd ..
func init myproject
```

어떤 런타임을 사용할지 선택하라는 메시지가 나타나면 Python을 선택한다. 그러면 디렉터리에 여러 파일이 생성된다.

또한 해당 디렉터리로 들어가 pip(다른 패키지를 설치할 때), ptvsd(Python 파일을 디버깅할 때) 및 pylint(코드 실수를 확인하기 위한 린터Linter[9])를 설치하거나 업데이트할 수도 있다. 이미 전체 Python에 설치돼 있을 수도 있지만, 최근에 활성화된 Python 가상 환경에서 다시 설치할 필요도 있다.

```
cd myproject
python -m pip install --upgrade pip
python -m pip install --upgrade ptvsd
python -m pip install --upgrade pylint
```

---

8 Friendly Interactive Shell을 의미하며 2005년에 개발됐다. - 옮긴이
9 프로젝트 소스에서 잠재적인 버그를 검색하는 도구 - 옮긴이

핵심 도구를 사용해 새 함수 만들기

Python 가상 환경을 활성화하고 빈 함수 프로젝트를 만들었다. 이제 핵심 도구를 사용해 새 함수를 추가해보자.

```
func new
```

목록에서 템플릿을 선택하라는 메시지가 나타난다. 선택 사항에는 다음과 같은 일반적인 트리거가 포함된다.

- HTTP 요청을 사용해 코드 실행을 트리거하는 HTTP 트리거
- 저장소 Blob이 컨테이너에 추가될 때 이것을 처리하는 Azure Blob Storage 트리거
- Cosmos DB 문서가 NoSQL 데이터베이스의 컬렉션에서 추가되거나 업데이트될 때 이것을 처리하는 Azure Cosmos DB 트리거

또한 이벤트 및 큐 관련 트리거도 포함돼 있다.

- Azure Event Grid 구독에 전달된 이벤트에 응답하는 Azure Event Grid 트리거
- Azure Event Hub에 전달된 이벤트에 응답하는 Azure Event Hub 트리거
- Azure Queue Storage 큐에 메시지가 도착할 때 여기에 응답하는 Azure Queue Storage 트리거
- 다른 Azure 또는 온프레미스 서비스 메시지 큐에 연결하는 Azure Service Bus Queue 트리거
- 토픽을 구독해 다른 Azure 서비스 또는 온프레미스 서비스에 연결하는 Azure Service Bus Topic 트리거
- 미리 정의된 일정에 따라 함수를 실행하는 Timer 트리거

상기 목록을 이해하지 못해도 걱정하지 말라. 가장 중요한 항목은 HTTP 트리거다. 나머지는 관련 Azure 서비스를 사용할 때 배운다.

HTTP 트리거를 선택한다. 그러면 (서버에서 웹 페이지를 요청할 때 브라우저가 호출하는 것처럼) 앱이 HTTP 호출을 받을 때 새 함수가 활성화된다. 이것은 REST API에서 사용되는데, 다른 종류의 클라이언트는 HTTP 요청을 사용해 우리 API의 끝점에 연결한다.

함수의 이름을 제공해야 한다. 여기서는 간단히 HttpTrigger라고 부르고 이 이름으로 프로젝트에서 새 디렉터리가 만들어진다. 이 안에는 세 개의 파일이 있다.

function.json

　　함수와 관련된 구성 파일

Sample.dat

　　함수를 테스트하기 위한 샘플 데이터

__init__.py

　　함수를 실행하는 코드가 있는 기본 파일

가장 중요한 함수를 실행하는 코드가 있는 __init__.py부터 시작해 각 파일을 살펴보자.

```python
import logging
import azure.functions as func
def main(req: func.HttpRequest) -> func.HttpResponse:
  logging.info('Python HTTP trigger function processed a request.')
  name = req.params.get('name')
  if not name:
    try:
      req_body = req.get_json()
  except ValueError:
    pass
  else:
```

```
    name = req_body.get('name')
  if name:
    return func.HttpResponse(f"Hello {name}!")
  else:
    return func.HttpResponse(
      "Please pass a name in the query string or in the request body", status_
code=400
    )
```

여기서는 핵심 도구가 HTTP 요청 함수를 위해 예제 템플릿을 기반으로 main이라는 예제 함수를 생성했다. func.HttpRequest 형식의 매개변수 req를 받아 func.HttpResponse 형식의 매개변수를 반환한다.

req.params 객체에는 URL에 전달된 모든 HTTP 매개변수가 있으며 req.params.name에서 읽을 수 있는 name 매개변수가 있어야 한다. 이 함수를 사용하면 인사말 메시지를 작성할 수 있다.

이 함수를 자세히 살펴보자. 매우 간단하다. 함수의 실행을 트리거하는 URL에 접속하면, 이름을 제공해야 한다는 메시지가 나타나거나 URL 매개변수를 사용해 이름을 전달하면 친숙한 "Hello <name>"가 나타난다. 이제 이 함수를 실행하면서 좀 더 자세히 살펴보자.

사용자에게 반환되는 내용은 HttpResponse의 형태이며 텍스트 본문과 선택적으로 상태 코드가 제공된다(제공되지 않을 경우에는 상태 200 OK가 사용됨). 이런 코드는 여러 종류의 HTTP 상태 응답과 관련된 표준이며 오류가 발생할 때 이것을 쉽게 감지할 수 있도록 하기 위한 것이다. 텍스트 메시지나 캐시될 수 있는 변경되지 않은 리소스가 무엇이든 상관없다. 또한 4xx(요청 이행 불가)와 5xx(오류) 유형의 코드는 Azure에서 비용을 청구하지 않기 때문에 중요하다. 오류 또는 리소스를 찾을 수 없는지 테스트할 때마다 해당 코드 중 하나를 반환해야 한다.

핵심 도구를 사용해 로컬에서 함수 앱 시작

함수를 테스트하려면 다음 명령과 핵심 도구를 사용해 함수 앱을 로컬로 시작해야 한다.

```
func host start
```

핵심 도구는 Azure Functions 런타임의 로컬 인스턴스를 시작하고 이벤트가 도착할 때까지 기다리는 모든 함수와 로그 끝부분에 트리거되는 방법에 대한 정보를 동반한다.

```
Now listening on: http://0.0.0.0:7071
Application started. Press Ctrl+C to shut down.
Http Functions:
        HttpTrigger: [GET,POST] http://localhost:7071/api/HttpTrigger
  [13/01/2019 22:20:09] Host lock lease acquired by instance ID
'00000000000000000000000005E6E4E8'.
```

이는 함수 앱이 실행되고 있으며 URL http://localhost:7071/api/HttpTrigger와 동시 GET 및 POST가 수신 대기 중이라는 것을 알려준다. 해당 URL에 접속하려고 하면, 코드에서 이미 본 메시지가 브라우저에 나타난다.

```
Please pass a name in the query string or in the request body
```

다음과 같은 URL을 사용해 name 매개변수를 전달해야 한다.

```
http://localhost:7071/api/HttpTrigger?name=Vicente
```

아래 내용을 얻을 수 있다.

```
Hello Vicente!
```

따라서 이 함수는 브라우저가 웹 페이지를 방문할 때 요청하는 것과 같은 HTTP 요청 이벤트를 기다린 후 제공된 매개변수로 실행해 어떤 출력을 반환한다. 즉, 브라우저를 사용해 테스트할 수 있다는 뜻이다.

함수 설정 파일

함수 폴더 내의 나머지 파일을 살펴보자. Sample.dat은 매우 작고 그디지 중요하지 않다.

```
{
  "name": "Azure"
}
```

Azure는 여러분의 코드에 따라 이 테스트를 자동으로 생성한다.

그러나 function.json에는 여러 구성 매개변수가 있으며 매우 중요하다.

```
{
  "scriptFile": "__init__.py",
  "bindings": [
    {
      "authLevel": "anonymous",
      "type": "httpTrigger",
      "direction": "in",
      "name": "req",
      "methods": [
        "get",
        "post"
      ]
    },
    {
      "type": "http",
      "direction": "out",
      "name": "$return"
    }
```

```
    ]
  }
```

methods 섹션은 이 함수가 받는 다른 HTTP 동사 배열이므로 쿼리 방법에 따라 같은 URL
을 처리하는 여러 가지 함수를 프로그래밍할 수 있다. 디렉터리명이 함수의 기본 URL이므로
route 키를 사용해 해당 URL을 명시적으로 변경하려면 function.json에 매개변수를 추가해
야 한다.

매개변수로 name 값을 받는 대신 URL에서 이것을 읽는 함수를 만들 때 function.json 파일
은 다음과 같다.

```json
{
  "scriptFile": "__init__.py",
  "bindings": [
    {
      "authLevel": "anonymous",
      "type": "httpTrigger",
      "direction": "in",
      "name": "req",
      "route": "hello/{name}",
      "methods": [
        "get"
      ]
    },
    {
      "type": "http",
      "direction": "out",
      "name": "$return"
    }
  ]
}
```

그런 다음 함수의 코드를 변경해 다음을 사용하는 대신

```
name = req.params.get('name')
```

다음과 같은 코드를 사용했다면

```
name = req.route_params.get('name')
```

다음 URL을 사용해 함수를 실행할 수 있다.

```
http://localhost:7071/api/hello/vicente
```

로컬 설정 및 프로덕션 설정

프로젝트의 루트 디렉터리에서 찾을 수 있는 또 다른 파일은 local.settings.json이다. 이 파일은 응용프로그램이 Azure에 배포할 때가 아닌 로컬 환경에서 실행되는 경우에만 고려해야 할 설정을 저장한다. 일반적으로 여기에 데이터베이스 연결 문자열 및 기타 키 값으로 된 '비밀'의 쌍을 정의한다. 모든 값은 process.env 변수의 코드에서 액세스할 수 있다.

local.settings.json의 내용은 다음과 같다.

```
{
  "IsEncrypted": false,
  "Values": {
    "FUNCTIONS_WORKER_RUNTIME": "python",
    "AzureWebJobsStorage": ""
  }
}
```

이 파일은 Git 저장소에서 기본적으로 무시되므로 나중에 저장소를 읽더라도 걱정하지 않고 중요한 데이터를 저장할 수 있다. 함수 프로젝트를 Azure에 배포할 때, 함수 앱 대시보드를 방문해 사용될 설정값을 지정해야 하지만, 프로덕션 환경에 필요한 데이터를 사용해야 한다. **응용프로그램 설정 관리** 링크를 클릭한 후 그림 4-6에서 설명한 대로 **응용프로그램 설정**이라는 섹션으로 스크롤해 프로덕션 값을 설정한다.

그림 4-6 함수 앱 대시보드의 설정 조정

핵심 도구를 사용한 배포

이미 생성된 함수 앱에 함수 프로젝트 코드를 Azure Portal에서 배포할 때 명령줄을 사용할 수 있다. 가상 환경이 활성화돼 있다면, 프로젝트의 루트 디렉터리에서 다음을 입력하기만 하면 된다.

```
func azure functionapp publish <app_name> --build-native-deps
```

처음 실행할 때는 Azure CLI가 설치돼 있는지 확인하고 Azure Portal에 로그인해 계속 진행하도록 요청할 것이다. 그 순간부터 자격 증명을 사용하고 두 번 다시 묻지 않는다. 그런 다음, Docker 이미지가 Python 프로젝트와 네이티브 Linux 바이너리와 관련된 종속성을 컴파일해 Azure 플랫폼에서 실행될 수 있도록 프로비전하고 모든 것이 압축돼 함수 앱에 업로드된다. 마지막에는 다음과 같이 각 함수와 관련된 URL이 있는 함수 목록이 제공된다.

```
Getting site publishing info...
pip download -r C:\Users\vicen\code\pytest\requirements.txt
   --dest C:\Users\vicen\AppData\Local\Temp\azureworkerm0zb5f03
pip download --no-deps --only-binary :all: --platform manylinux1_x86_64
   --python-version 36 --implementation cp --abi cp36m
   --dest C:\Users\vicen\AppData\Local\Temp\azureworkerqdfgfduv
   azure_functions==1.0.0b3 pip download --no-deps --only-binary
   :all: --platform manylinux1_x86_64 --python-version 36 --implementation cp
   --abi cp36m --dest C:\Users\vicen\AppData\Local\Temp\azureworkerqdfgfduv
   azure_functions_worker==1.0.0b3
pip download --no-deps --only-binary :all: --platform manylinux1_x86_64
   --python-version 36 --implementation cp --abi cp36m
   --dest C:\Users\vicen\AppData\Local\Temp\azureworkerqdfgfduv grpcio==1.14.2
pip download --no-deps --only-binary :all: --platform manylinux1_x86_64
   --python-version 36 --implementation cp --abi cp36m
   --dest C:\Users\vicen\AppData\Local\Temp\azureworkerqdfgfduv grpcio_
tools==1.14.2
pip download --no-deps --only-binary :all: --platform manylinux1_x86_64
   --python-version 36 --implementation cp --abi cp36m
   --dest C:\Users\vicen\AppData\Local\Temp\azureworkerqdfgfduv protobuf==3.7.0
pip download --no-deps --only-binary :all: --platform manylinux1_x86_64
   --python-version 36 --implementation cp --abi cp36m
   --dest C:\Users\vicen\AppData\Local\Temp\azureworkerqdfgfduv
setuptools==40.8.0
pip download --no-deps --only-binary :all: --platform manylinux1_x86_64
   --python-version 36 --implementation cp --abi cp36m
   --dest C:\Users\vicen\AppData\Local\Temp\azureworkerqdfgfduv six==1.12.0
```

```
Preparing archive...
Uploading 55.71 MB [########################################]
Upload completed successfully.
Deployment completed successfully.
Syncing triggers...
Functions in python-serverless:
    HttpTrigger - [httpTrigger]
  Invoke url: https://python-serverless.azurewebsites.net/api/httptrigger?code=B
7HJdw62THNLL9lVwWm6jaf3GSrzGRHRafvYBUTgBrqp234J3bkzZA-=
```

함수를 트리거하는 URL은 다음과 같이 나타난다.

```
https://python-serverless.azurewebsites.net/api/httptrigger?code=B7HJdw62THNLL9l
VwWm6jaf3GSrzGRHRafvYBUTgBrqp234J3bkzZA-=
```

여기에는 code= 뒤에 함수 앱 마스터 키(매번 실행 시 변경됨)가 포함되지만, 함수의 액세스 수
준이 anonymous인 경우 호출로 보낼 필요가 없다. 그 대신 다음과 같이 사용할 수 있다.

```
https://python-serverless.azurewebsites.net/api/httptrigger
```

 액세스 수준은 7장, '보안'에서 자세히 설명한다.

따라서 브라우저로 위의 마지막 URL을 방문하면, 누락된 매개변수를 요청하는 동일한 메시
지가 다시 나타난다.

```
Please pass a name in the query string or in the request body
```

그리고 name 매개변수를 추가하면,

```
https://python-serverless.azurewebsites.net/api/httptrigger?name=Vicente
```

다시 다음과 같은 메시지를 볼 수 있다.

```
Hello Vicente!
```

Azure Portal을 사용해 첫 번째 함수 앱을 만들고, 로컬 컴퓨터에서 함수 프로젝트를 만들고, HTTP 요청 이벤트로 트리거된 함수를 추가하고 함수 앱에 배포했다. 그리고 모두 잘 동작한다!

Visual Studio Code 사용

함수의 코드 편집을 위해 Microsoft가 제공하는 모든 운영체제에서 사용할 수 있는 오픈소스 코드 편집기인 Visual Studio Code를 사용한다. Visual Studio Code는 많은 프로그래머, 특히 JavaScript 커뮤니티에 잘 알려져 있다. Azure Functions에 유용한 몇 가지 특별한 확장도 있다. 하지만 진행하기 전에 Python 함수 프로젝트를 프로그래밍하도록 설정해야 한다.

함수에서 Python 지원이 최근에서야 시작됐고 아직 미리 보기 상태이므로 배포와 같은 이 프로그래밍 언어에 대한 일부 옵션은 Visual Studio Code에서 사용할 수 없다(명령줄 도구인 func를 계속 사용해야 한다). 그러나 이런 모든 구성요소의 새 버전이 자주 출시되는 점을 감안할 때 이 기능이 곧 추가될 것이라 확신한다.

Visual Studio Code를 다운로드해 설치할 수 있는 웹 페이지는 https://code.visualstudio.com이다.

왼쪽의 메뉴 모음(그림 4-7 참조)에서 Extensions 아이콘()을 클릭한 후 다음 확장 항목들을 검색하는 것부터 시작해보자.

Azure Tools 확장 모음(http://bit.ly/2P8Tmqd)

함수, Cosmos DB, App Service 및 저장소와 같이 Azure 서비스로 작업하기 위한 몇 가지 확장 모음이다.

Visual Studio Code용 Python 확장(http://bit.ly/2G7LdOL)

함수 프로젝트에서 Python 코드를 디버깅할 수 있다.

그림 4-7 Visual Studio Code 시작하기

다시 왼쪽의 메뉴 모음에서 Azure 아이콘(🅰)을 클릭해 Azure 보기로 변경한 후 Sign in to Azure를 클릭한다. Azure Portal에서 인증하고 Azure 확장을 연결하면 Azure 계정을 사용할 수 있는 브라우저 세션이 열린다(그림 4-8 참조).

그림 4-8 Azure Portal에서 인증

명령줄 핵심 도구를 사용하는 것보다 프로젝트를 좀 더 빠르고 쉽게 만들려면 FUNCTIONS 그룹 위로 마우스 포인터를 옮기고 Create new project 아이콘(📄)을 클릭해야 한다. 또한 Create function 아이콘(⚡)을 사용해 프로젝트 내에서 새 함수를 만들고 Deploy 버튼(⬆)을 사용해 Azure에서 이미 생성된 함수 앱에 함수 프로젝트를 배포할 수도 있다.

구독 이름을 마우스 오른쪽 버튼으로 클릭해 다음을 수행할 수 있다.

- Azure Portal로 연결하는 브라우저를 연다.
- Portal을 열지 않고 Azure에서 함수 앱을 만든다. 현재는 Windows 런타임에만 동작한다. Python에서 프로그래밍할 수 있도록 Linux 런타임을 선택하려면 앞에서 설명한 대로 Azure Portal에서 만들어야 한다.

구독 이름을 클릭하면 Azure에서 호스트되는 모든 함수 앱 목록이 나타난다. 그중 하나를 마우스 오른쪽 버튼으로 클릭하면 몇 가지 옵션을 선택할 수 있다.

- Portal에서 앱을 연다.
- 앱을 시작, 중지 또는 다시 시작한다.
- 함수 앱을 삭제한다.
- 함수 앱을 배포한다(Python 함수 프로젝트에서는 여전히 동작하지 않는다).
- 배포 소스를 구성한다.
- 앱의 온라인 로그 스트리밍을 시작하거나 중지한다.

디버그 창에 액세스하려면 Debug 아이콘(🖥)을 클릭해야 한다. 여기서 작은 재생 아이콘(그림 4-9에 나타난 오른쪽 방향 녹색 삼각형)을 클릭해 디버그를 시작한다(또는 Debug 아이콘으로 전환하는 대신 F5를 눌러도 된다).

그림 4-9 디버그 창

기존 함수 프로젝트를 작업 영역에 추가할 수 있으며 Visual Studio Code에서 인식된다(그림 4-10 참조). 이렇게 하면 몇 가지 유용한 구성을 추가할 수 있다.

그림 4-10 함수 프로젝트 감지

Visual Studio Code에서 사용자 지정 셸을 Bash로 전환

함수 앱과 관련된 Visual Studio Code 'debug run' 명령은 Windows 이외의 운영체제에서 Bash용으로 작성됐으며 fish와 같은 다른 셸과 호환되지 않는다. 시스템의 기본 셸이 Bash 가 아닌 경우 Visual Studio Code가 사용하는 셸로 변경해야 한다. 이렇게 하려면 settings 로 이동해 'shell'을 검색한 후 Terminal > Integrated > Shell을 클릭해 변경해야 한다.

- /usr/local/bin/fish(또는 /bin/bash와 다른 어떤 값)에서
- /bin/bash로

Visual Studio Code를 사용해 Python 디버깅

Visual Studio Code에서 디버깅이 어떻게 동작하는지 살펴보자. 함수 프로젝트를 작업 영역에 추가하고 함수의 __init__.py 파일을 연 후 코드에서 아홉 번째 줄의 왼쪽을 두 번 클릭한다. 중단점을 추가했음을 나타내는 빨간색 점이 나타난다.

F5를 눌러 코드를 실행한 후 통합 터미널에서 실행 로그를 확인한다. 사용할 Python을 묻는 메시지가 나타나면 .env 폴더에 있는 Python을 선택한다(그림 4-11 참조).

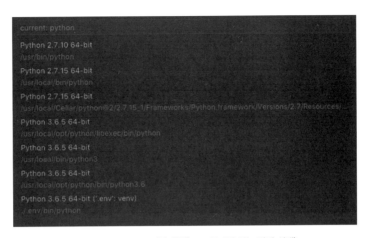

그림 4-11 Python 버전 선택(.env 폴더에 있는 버전 선택)

이제 브라우저에서 URL(http://localhost:7071/api/HttpTrigger?name=Vicente)을 방문하거나 어떤 종류의 API 클라이언트에서라도 끝점을 트리거하면, Visual Studio Code가 시스템의 다른 창 앞에 나타나 포커스된다. 함수 앱은 코드의 중단점이 있는 첫 번째 줄에서 중지되고 해당 파일이 편집기에 나타난다.

하지만 몇 가지 문제가 발생할 수 있다.

문제: 설정된 'python' 디버그 유형이 지원되지 않음

디버깅을 시작하면 오류 메시지가 나타날 수 있다(그림 4-12 참조).

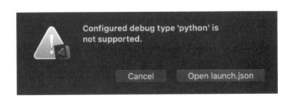

그림 4-12 오류 메시지: 디버그 유형이 지원되지 않음

이 문제를 해결하려면 Visual Studio Code와 관련된 Python 확장을 설치(http://bit.ly/2G7LdOL)해야 한다.

문제: 스크립트 실행 금지(Windows)

Windows에서 디버깅을 시작하면 그림 4-13에 나타난 문제가 발생할 수 있다.

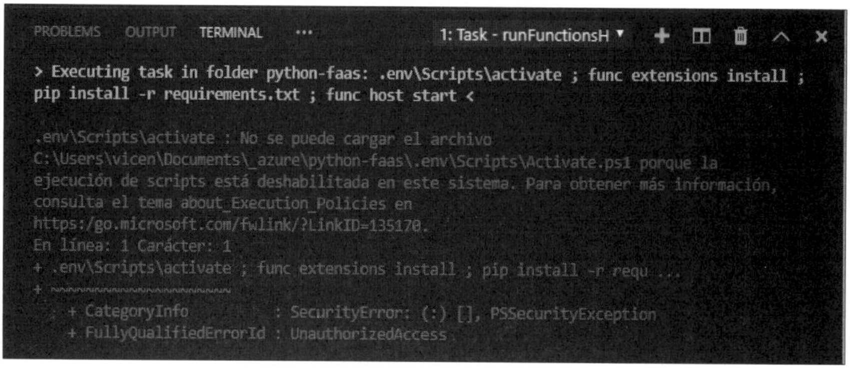

그림 4-13 Windows에서 디버깅

이 문제를 해결하려면 스크립트 실행을 활성화해야 한다. 관리자로 PowerShell을 시작한 후에 다음 명령을 실행한다.

```
Set-ExecutionPolicy Unrestricted
```

문제: Failed to attach, no module named ptvsd

모든 운영체제에서 디버거를 시작하려고 하면 그림 4-14와 같은 메시지가 나타날 수 있다.

그림 4-14 디버거를 시작할 때 나타나는 오류 메시지

또한 Visual Studio Code 터미널 창에서 로그에 그림 4-15와 비슷한 메시지가 나타난다.

```
[06/01/2019 10:50:33] C:\Python\Python36\python.exe: No module named ptvsd
[06/01/2019 10:50:33] Language Worker Process exited.
[06/01/2019 10:50:33] python exited with code 1
```

그림 4-15 Visual Studio Code 터미널 창의 오류

이 문제를 해결하려면 가장 먼저 아래 나타난 것처럼 ptvsd를 전역으로 설치해야 한다.

```
pip install ptvsd
```

그런 다음, 가상 환경을 활성화하고 로컬로 설치한다.

```
on -m pip install --upgrade ptvsd
```

Azure Blob Storage

이제 함수 프로그래밍을 약간은 이해했겠지만 좀 더 복잡한 응용프로그램을 작성하려면 데이터 저장소 시스템과 연동해야 한다. Azure는 이것을 염두에 두고 Blob 서비스를 제공한다.

Blob^binary large object이란 텍스트 또는 이진 데이터와 같은, 구조화되지 않은 데이터의 한 부분이다. Blob에는 저장된 다음에 개인적 접속만 허가해 사용하거나 또는 누구와도 공유할 수 있는 고유한 HTTP/S 시스템이 있다. 모든 Blob은 컴퓨터의 폴더와 비슷한 방식으로 동작하는 Blob 컨테이너^Blob containers에 저장된다.

함수에서 나온 텍스트 파일에 데이터를 읽고 쓰거나 머신러닝 모듈에 데이터를 공급하려 할 경우 Blob을 사용해야 한다. Azure Blob은 빅데이터 분석의 주요 도구이기도 하며 HTML, CSS, 전면부 JavaScript, 이미지 파일과 같은 웹 사이트용 정적 자산을 저장하는 데 사용할 수 있다.

Azure Blob은 함수와 결합하기 쉽고 다음과 같이 유용한 함수가 있다.

- 확장성(필요의 변경에 따라 규모를 증감해 사용한 만큼만 지불)
- 접근 빈도(자주 접근(hot tier), 자주 접근하지 않는(cold tier) 그리고 거의 접근하지 않는 (archive storage tier))로 데이터 계층 구분
- 처리할 데이터의 유형에 맞게 구성을 최적화할 수 있는 블록[block10], 페이지[page11] 및 추가[append12] 유형의 Blob

여러분은 알지 못하는 사이에 이미 Blob을 이용해 작업을 수행하고 있을 것이다. 함수 앱을 만들 때 새 객체 저장소를 생성할 것인지 아니면 기존 객체 저장소를 사용할지 묻는 메시지 가 나타난 것을 기억하는가? 그때 생성한 것이 Blob 저장소다. Azure 생태계에서는 데이터 저장소와 Blob이 동의어라는 것을 종종 알게 될 것이다.

스토리지 계정 만들기

Azure Portal로 이동해 모든 리소스를 클릭한다. 이전 절에서 함수 앱을 만드는 과정을 수행 했다면, 몇 가지 요소가 나타난 것을 알 수 있다. 이들 중 하나는 '스토리지 계정' 형식에 ▦ 아이콘으로 나타날 것이다. 여기에는 함수 앱 실행을 위한 소스 코드가 포함돼 있다. 몇 가 지 예외를 제외하고는 다른 목적으로 재사용할 수 있다. 예를 들어 정적 웹 사이트 파일을 호스트하려면, 새 스토리지 계정을 만들어야 하며 이것을 함수 앱 코드와 동시에 사용할 수 없다.

새 계정을 만들어보자. 왼쪽 메뉴에서 리소스 만들기를 클릭한 후 스토리지 계정을 선택한다.

---

10   블록 ID로 구분되는 블록으로 구성된 Blob으로, 동영상 같은 순차적인 데이터 스트리밍에 사용된다. - 옮긴이
11   페이지 Blob(Page Blob) - 페이지의 모음으로 무작위 읽기/쓰기 작업에 최적화된 Blob으로 비순차적인 읽기/쓰기에 사용된다. - 옮긴이
12   추가 Blob(Append Blob) - 블록 Blob과 비슷하며 로그 기록과 같은 데이터 추가 작업에 최적화된 Blob이다. - 옮긴이

새 계정과 관련해 다음 정보를 입력하라는 메시지가 나타난다.

- 프로젝트 정보

  구독

  출금할 계좌를 선택한다

  리소스 그룹

  같은 프로젝트에 사용할 서로 연관된 Azure 서비스들을 함께 관리하기 위해 그룹을 재사용하거나 생성한다.

- 인스턴스 정보

  스토리지 계정 이름

  Blob의 고유 URL의 일부분이 되는 유효한 이름을 선택한다.

  위치

  가장 인접한 위치를 선택한다.

  성능

  표준을 선택한다. 프리미엄은 좀 더 강력한 성능과 서비스 수준 협약서$^{\text{Service Level Agreement, SLA}}$를 제공하지만, 비용이 청구된다.

  계정 종류

  일반적인 용도를 위해 StorageV2를 고른다.

  복제

  여러 위치에서 읽기로 접근할 수 있는 사본을 생성하려면 'RA-GRS(읽기 액세스 지역 중복 스토리지)'를 선택한다. 이것은 원래 위치와 인접하지 않은 위치에서 Blob에 대한 읽기에 접근하는 속도를 향상시킬 것이다.

  액세스 계층

  빈번히 접근되는 정보를 저장하는 핫을 선택한다.

- 네트워킹

  네트워크 연결

    연결 방법: 공용 엔드포인트(모든 네트워크)

- 고급

  보안

    보안 전송 필요: 사용(HTTPS, SSL사용을 강제하기 위해)

  위치

    가장 인접한 위치를 선택한다.

  Data Lake Storage Gen2

    계층 구조 네임스페이스: 사용 안 함

- 태그

  이름: 값

    스토리지 계정이 여럿이라면 쉽게 찾을 수 있도록 키 값을 선택한다.

검토 + 만들기 탭에서 만들기 버튼을 클릭한 후 스토리지 계정이 생성됐다는 알림을 기다린다.

Blob 전송

Azure Portal의 **모든 리소스** 섹션에서 새로운 스토리지 계정에 접근할 수 있다. 여기서 스토리지 계정의 여러 설정을 확인할 수 있다. 먼저 Blob service를 사용해 파일을 저장해보자. 컨테이너 링크를 클릭하면, Blob 컨테이너의 목록이 빈 채로 나타난다. **+ 컨테이너** 아이콘을 클릭해 새 컨테이너를 만든다. 컨테이너의 이름을 지정할 때는 소문자와 대시만 사용할 수 있으며 첫 글자는 소문자 또는 숫자여야 하고 대시 두 개를 연속으로 사용할 수 없다. 또한 이름의 길이는 3~63자 사이여야 한다. 새 컨테이너의 개별 Blob 또는 모든 컨테이너의 Blob 목록과 관련된 공용 읽기 액세스를 지정할 수도 있다. 여기서는 프라이빗으로 지정한다.

새 컨테이너 내에서 클릭하면, 빈 새 파일 및 폴더 목록이 나타난다. 이제 **업로드**를 클릭해 컨테이너로 파일을 보낼 수 있으며 고급 섹션을 보면 파일을 컨테이너의 별도 폴더에 넣을 수도 있다(그림 4-16 참조).

그런 다음, 업로드된 파일을 클릭하면 해당 항목에 관련된 설정 페이지가 나타나고 현재 컴퓨터에 사본을 저장할 수 있는 다운로드 버튼도 있다.

이것은 파일을 처리하는 흥미로운 방법이지만, 그다지 실용적이지는 않다. 다행히 Microsoft는 Windows, Linux 및 macOS에서 사용할 수 있는 Azure Storage Explorer 라는 무료 프로그램을 제공(https://azure.microsoft.com/ko-kr/features/storage-explorer/)해 Blob을 더욱 효율적으로 조회하고 관리할 수 있게 한다.

그림 4-16 Azure Portal에서의 Blob 전송

Storage Explorer를 설치하면 Azure 계정에 로그인할 수 있으며 Azure Portal을 사용해 만든 모든 리소스 및 활성화된 서비스 목록이 나타난다(그림 4-17 참조). 그중 Storage Accounts 섹션을 찾을 수 있다. 특정 Storage Accounts를 펼친 후 Blob Containers를 펼치고 Blob 컨테이너 중 하나를 클릭하면 내부의 모든 파일 및 폴더 목록이 나타난다. Storage Explorer를 사용하면 파일 및 폴더를 쉽게 업로드 또는 다운로드할 수 있고 또 새 Blob 컨테이너와 폴더를 생성하거나 삭제할 수 있다.

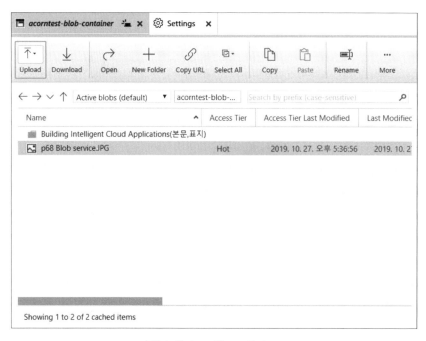

그림 4-17 Azure Storage Explorer

Storage Explorer를 사용해 관리할 수 있는 고급 설정은 많지만, 진도를 나가는 데 필요한 작업은 모두 수행했다. 이제 함수로 처리할 수 있는 파일 및 폴더를 업로드 및 다운로드할 수 있는 Blob 컨테이너가 포함된 스토리지 계정이 만들어졌다.

요약 및 미리 보기

4장에서는 Windows, Linux 또는 macOS등 Azure 프로그래밍 환경을 설정하고 컴퓨터를 준비하는 방법과 서버리스 시스템 구축을 시작하는 방법을 알아봤다.

5장에서는 Azure의 광범위한 기성 도구 모음을 탐색하면서 머신러닝 모형을 구현하기 시작한다.

머신러닝 및 딥러닝 모형 사용하기

5장에서는 클라우드에서 머신러닝 모형을 어떻게 사용하는지 살펴본다. 먼저 서버리스 환경에서 배포할 수 있는 사전에 빌드/훈련된 Azure의 머신러닝 서비스를 소개한다. 내용을 이해하는 데 머신러닝에 대한 지식은 필요하지 않다.

그런 다음, Jupyter Notebook과 같은 일반적인 머신러닝 도구뿐 아니라 Microsoft Cognitive Toolkit, ML.NET, TensorFlow, scikit-learn 및 Keras와 같이 널리 사용되는 라이브러리를 살펴본다. 5장에서는 머신러닝에 대한 사전 지식이 없는 사람들에게는 다소 이해하기 어려운 용어를 사용해 위 항목을 간략히 설명한다.

마지막으로 Microsoft에서 제공하는 클라우드 머신러닝 및 딥러닝 서비스를 구체적으로 살펴보고 응용프로그램에서 사용하는 방법을 알려준다. 이 절에서는 Machine Learning Studio와 같은 도구뿐 아니라 Azure Machine Learning Service와 같이 좀 더 강력하고 정교한 제품을 이해할 수 있다.

Azure Cognitive Services

Azure Portal은 Cognitive Services로 그룹화된 여러 리소스를 제공하며 앱, 웹 페이지 및 봇에 머신러닝 알고리즘을 추가함으로써 사용자가 자연스러운 통신 방법을 이용해 그들의 요구를 보고 듣고 말하고 이해하고 해석할 수 있게 한다. 이런 리소스에는 다음과 같은 유용한 머신러닝 및 딥러닝 모듈이 포함된다.

- 얼굴 인식
- 감정 분석
- 콘텐츠 조정
- 언어 이해Language Understanding, LUIS[1]
- 텍스트 분석
- 텍스트를 음성으로 변환
- 음성 인식
- 개인화된 추천

Cognitive Services에서 리소스를 사용하는 법을 배우는 것은 매우 간단한다. 이 절에서는 Cognitive Services에 등록하고 사용하는 방법을 배우며 Cognitive Services를 추가해 함수 앱을 완성하는 예제를 개발한다.

Cognitive Services에서 서비스 설정 및 사용

Cognitive Services의 Translator Text 서비스를 사용하는 예제로 시작해보자. 이 예제에서는 영어로 된 텍스트를 입력으로 가져와 스페인어로 출력하는 앱을 개발한다. 이를 구현하는 단계는 Cognitive Services에서 다른 서비스를 설정하는 것과 비슷하다. Microsoft Translator는 클라우드 기반의 기계 번역 서비스다. 핵심 서비스는 우리가 호출할 Translator Text API라는 REST API URL이다.

번역 앱을 개발하려면 새 서비스에 대한 서비스 키가 필요하며, 호출을 인증하려면 Translator Text API를 호출할 때마다 서비스 키가 매번 포함돼야 한다.

---

1   사용자 지정 머신러닝 인텔리전스를 기존 언어 텍스트에 적용해 전체적인 의미를 예측하고 이에 대한 자세한 정보를 추출하는 클라우드 기반 API 서비스 - 옮긴이

Azure Portal에서 키를 가져오려면, 리소스 만들기를 선택한 후 Translator Text를 검색해 선택하고 만들기를 클릭한다. 그러면 다음과 같은 메시지가 나타난다.

이름

이름을 입력한다.

구독

결제 계정을 선택한다.

가격 책정 계층

무료 평가판은 F0, 종량제pay-as-you-go 모형은 S1 또는 다른 대량 가격 제안 중 하나를 선택한다.

리소스 그룹

새로 만들기를 선택한다.

리소스 그룹 위치

가장 가까운 위치를 선택한다.

만들기 버튼을 클릭하고 나면, 잠시 후 새 서비스가 만들어졌다는 것을 알리는 메시지가 나타난다. 알림을 클릭해 새 리소스로 이동하거나 '모든 리소스' 절에서 해당 리소스를 검색한다. 번역 리소스 페이지에 도달하면 서비스의 기본 창에서 키에 대한 링크를 찾을 수 있다. 이때 나타나는 두 개의 키 중 어느 것이나 사용해도 된다.

서비스 연결을 테스트하기 위해 로컬 Python 코드를 작성해보자. 가장 먼저 Python 라이브러리 uuid(앱에 대한 범용 고유 식별자를 생성하는 데 사용됨)와 requests(REST API 요청을 보내고 관리하기 위해)를 설치해야 한다.

```
pip install requests uuid
```

그런 다음, 아래와 같은 내용으로 translate.py라는 파일을 작성해 자신의 구독 키 중 하나를 붙여 넣는다.

```python
# -*- coding: utf-8 -*-
import os, requests, uuid, json
subscriptionKey = '여기에 키를 붙여 넣는다.'
base_url = 'https://api.cognitive.microsofttranslator.com'
path = '/translate?api-version=3.0'
params = '&to=es' # We leave source language to be autodetected
constructed_url = base_url + path + params
headers = {
  'Ocp-Apim-Subscription-Key': subscriptionKey,
  'Content-type': 'application/json',
  'X-ClientTraceId': str(uuid.uuid4())
}
body = [{
  'text' : 'Hello world!'
}]
request = requests.post(constructed_url, headers=headers, json=body)
response = request.json()
print(json.dumps(response, sort_keys=True, indent=4, ensure_ascii=False,
separators=(',', ': ')))
```

이 코드는 subscriptionKey 변수를 정의하고 Cognitive API 버전 3.0을 사용해 번역 서비스용 URL 변수를 생성하며 매개 변수 to_es는 텍스트를 스페인어로 변환하는 설정이다. 그런 다음, 서비스 호출을 인증하는 구독 키를 사용해 헤더 객체를 정의한다. 호출의 body는 번역을 위해 전송될 텍스트를 포함한다. 이어서 요청은 URL, 헤더 및 본문과 서비스를 호출하기 위한 request.json()에 대한 호출로 구성된다. 응답은 읽기 쉽게 하고자 몇 가지 서식에 맞춰 마지막에 인쇄된다.

명령줄에서 다음을 입력해 코드를 실행한다.

```
python translate.py
```

몇 초 후 다음과 같이 나타난다.

```
[
  {
    "detectedLanguage": {
      "language": "en",
      "score": 1.0
    },
    "translations": [
      {
        "text": "¡Hola mundo!",
        "to": "es"
      }
    ]
  }
]
```

예상대로 이 서비스는 소스 언어가 영어임을 자동으로 감지하고 스페인어로 번역했다.

서버리스 Azure 함수 프로젝트에서 Cognitive Services 사용

서버리스 함수를 만들려면 4장, 'Microsoft Azure Functions 시작'의 단계를 따라 기본 Python Azure 함수 프로젝트를 만든다. Python 가상 환경을 만들어 활성화하고 함수 프로 젝트를 만든 후에는 requests 및 uuid를 설치해 필요한 라이브러리를 추가해야 한다.

```
python -m pip install requests uuid
```

그런 다음, func new를 사용해 HTTP 요청 트리거를 포함한 새 함수를 생성한다. translate 로 이름을 붙이고 코드의 템플릿을 변경한다. 'Hello ⟨name⟩' 메시지를 인쇄하는 대신, URL 에 전달되는 텍스트 매개변수를 번역한다.

```python
import logging
import os, requests, uuid, json
import azure.functions as func
def main(req: func.HttpRequest) -> func.HttpResponse:
  logging.info('Python HTTP trigger function processed a request.')
  text = req.params.get('text')
  if not text:
    try:
      req_body = req.get_json()
    except ValueError:
      pass
    else:
      text = req_body.get('text')
  if text:
  subscriptionKey = 'e8a02b210157478a82b883af591dc599'
  base_url = 'https://api.cognitive.microsofttranslator.com'
  path = '/translate?api-version=3.0'
  params = '&to=es'
  constructed_url = base_url + path + params
  headers = {
    'Ocp-Apim-Subscription-Key': subscriptionKey,
    'Content-type': 'application/json',
    'X-ClientTraceId': str(uuid.uuid4())
  }
  body = [{
    'text' : 'Hello world!'
  }]
  request = requests.post(constructed_url, headers=headers, json=body)
  response = request.json()
  print(json.dumps(response, sort_keys=True, indent=4, ensure_ascii=False,
    separators=(',', ': ')))
```

```
      return func.HttpResponse(f"Translation: {response}!")
  else:
    return func.HttpResponse(
      "Please pass a text on the query string or in the request body", status_
code=400
      )
```

모든 준비가 끝났다. 이제 func host start를 사용해 함수 앱을 실행하고 텍스트 매개변수를 사용해 브라우저에서 함수 URL로 방문할 수 있다(%20은 URL의 텍스트에 공백을 인코딩한다).

```
http://localhost:7071/api/translate?text=Hello%20world!
```

브라우저에서 모든 응답 객체의 세부 정보가 나타난다.

```
Translation: [{'detectedLanguage': {'language': 'en', 'score': 1.0},
'translations': [{'text': '¡Hola mundo!', 'to': 'es'}]}]!
```

이제 함수 앱에 배포할 수 있고 텍스트 번역을 위한 서버리스 인지 서비스로 사용할 수 있는 함수 프로젝트가 생겼다.

일반 머신러닝 도구, 라이브러리 및 프레임워크

머신러닝 도구, 라이브러리 및 프레임워크를 자세히 알아보자. 머신러닝 모형에 대해 많은 것을 알지 못하더라도 걱정하지 않아도 된다. 여기서는 필요할 때 기억할 수 있도록 도구들을 소개한다.

Microsoft Cognitive Toolkit

Microsoft Cognitive Toolkit은 신경망을 딥러닝 모형 및 알고리즘으로 사용할 수 있는 딥러닝 도구로, 속도, 확장성, 상업 등급의 품질을 제공한다. 오픈소스이며 모든 코드와 설명서는 GitHub에서 호스팅된다. 이전에는 CNTK라는 약어로 불렸는데, 옛날 문서에서는 여전히 이 이름으로 된 참조를 볼 수 있다.

Python, C#, C++ 및 BrainScript 프로그래밍 언어와 함께 Microsoft Cognitive Toolkit을 사용할 수 있다. 또한 사용자 친화적 라이브러리인 Keras와 함께 사용해 다양한 머신러닝 및 딥러닝 모형의 구성을 표준화할 수도 있다. 모든 구성은 Keras 수준에서 설정되며 Microsoft Cognitive Toolkit은 백엔드에서 실행된다. Azure Portal에서 호스팅하거나 Docker 컨테이너 이미지에서 사용할 수도 있다.

Microsoft Cognitive Toolkit에 대한 자세한 내용은 https://www.microsoft.com/en-us/cognitive-toolkit/에서 확인할 수 있다.

Microsoft Cognitive Toolkit은 신경망을 안내 그래프를 이용해 일련의 계산 단계로 설명한다. 리프 노드[leaf node][2]는 입력값 또는 네트워크 매개변수를 나타내고 다른 노드는 해당 입력에 대한 행렬 연산을 나타낸다. Microsoft Cognitive Toolkit을 사용하면 피드 포워드 심층 신경망[feed-forward deep neural networks, FF DNNs][3], 합성곱 신경망[convolutional neural networks, CNNs][4] 및 순환 신경망[recurrent neural networks, RNNs][5]/장단기 기억망[long short-term memory networks, LSTMs]과 같은 모형 타입을 결합할 수 있다. 다중 그래픽 처리 장치[GPU] 및 서버에서 계산할 수 있는 자동 차

---

2   트리 구조에서 자식 노드가 없는 노드 – 옮긴이

3   피드 포워드 신경망(feed-forward neural networks)은 노드들 사이의 연결이 사이클을 형성하지 않는 인공 신경망을 말하고 심층 신경망(Deep Neural Network, DNN) – 입력층과 출력층 사이에 여러 개의 은닉층들로 이뤄진 인공신경망 – 옮긴이

4   모형이 직접 이미지, 비디오, 텍스트 또는 사운드를 분류하며 딥러닝에 가장 많이 사용되는 이미지에서 객체, 얼굴, 장면을 인식하기 위한 패턴을 찾는 데 특히 유용한 신경망 – 옮긴이

5   은닉층의 노드에서 활성화 함수를 이용해 나온 결괏값을 출력층 방향으로도 보내면서 다시 은닉층 노드의 다음 계산 입력으로 보내는 특징이 있는 신경망 – 옮긴이

별화 및 병렬화를 이용해 확률 경사 하강$^{stochastic\ gradient\ Descent,\ SGD,\ 오류\ 역전파6}$ 학습을 구현한다.

코드 예제를 찾는 가장 좋은 방법은 다양한 코드 샘플, 레시피 및 자습서를 호스팅하는 문서 (https://docs.microsoft.com/en-us/cognitive-toolkit/)다. Microsoft Cognitive Toolkit 시작 방법을 기본적으로 설명하는 'Getting Started' 가이드 외에도 다음과 같은 작업을 위한 예제를 찾을 수 있다.

이미지

이미지 분류, 이미지 생성, 객체 감지, 이미지 인식 및 이미지를 처리하고 변경하는 여러 작업을 위한 모형

수치 데이터

데이터 분류, 로지스틱 회귀, 시계열 예측 및 숫자 데이터의 일반 예측에 대한 자습서

음성

음성 인식 및 표기 음소$^{grapheme\ to\ phoneme,\ G2P}$ 번역을 위한 여러 모형

텍스트

문서 유사성 비교, 단어 예측, 분류 및 한 영역(표기)에서 다른 도메인(음소)으로의 번역에 대한 자습서

강화 학습

간단한 컴퓨터 비디오 게임을 할 에이전트를 교육하는 모형

Microsoft Cognitive Toolkit은 여러분의 프로그램에서 사용하기 어렵지 않지만, 신경망과 머신러닝에 대한 배경 지식이 필요하므로 최상의 모형 유형이나 알고리즘 및 작업 중인 실제 문제를 해결하는 방법을 변수화하는 방법을 결정해야 한다.

---

6   추출된 데이터 한 개에 대한 오류 경사를 계산하고 경사 하강 알고리즘을 적용하는 방법 – 옮긴이

Cognitive Toolkit 모형을 Azure Portal의 Azure Web App에 배포하고(http://bit.ly/2GdpaXf) Microsoft 클라우드의 컴퓨팅 성능을 활용할 수 있다.

ML.NET

ML.NET(https://dotnet.microsoft.com/apps/machinelearning-ai/ml-dotnet)은 C#과 F# 같은 언어를 사용하는 .NET 개발자를 대상으로 하는 Microsoft의 또 다른 프레임워크다. 회귀, 분류 및 클러스터링에 대한 모형을 개발하는 데 사용된다. ML.NET은 여러 플랫폼을 지원하는 오픈소스이며 GitHub에서 호스팅된다. 이 책을 쓰는 시점에는 여전히 미리 보기 상태이지만 개발이 상당히 진척돼 있다.

Python 개발자라면 운이 좋지 않다. ML.NET은 처음부터 .NET 프로그래밍 언어를 위해 설계됐다.

ML.NET을 사용하면 다음과 같은 다양한 유형의 문제에 대한 작업을 할 수 있다.

감정 분석

　　이진 분류 알고리즘을 사용해 고객의 댓글에 담긴 감정을 분석한다.

제품 추천

　　행렬 분해 알고리즘을 사용해 구매 이력을 기반으로 제품을 추천한다.

가격 예측

　　회귀 알고리즘을 사용해 이동 거리 등을 기준으로 택시 요금을 예측한다.

고객 세분화

　　클러스터링 알고리즘을 사용해 비슷한 프로필을 가진 고객 그룹을 식별한다.

GitHub 레이블

　　다중 클래스 분류 알고리즘을 사용해 새로운 이슈에 대한 GitHub 레이블을 제안한다.

사기 탐지

이진 분류 알고리즘을 사용해 사기성 신용카드 거래를 탐지한다.

스팸 탐지

이진 분류 알고리즘을 사용해 문자 메시지에 스팸이라는 플래그를 표시한다.

이미지 분류

TensorFlow 딥러닝 알고리즘을 사용해 이미지를 분류(예: 브로콜리 대 피자)한다.

판매 예측

회귀 알고리즘을 사용해 제품의 향후 판매를 예측한다.

 이 프레임워크에서 사용할 수 있는 모든 네임스페이스에 대한 자세한 내용은 ML.NET API(http://bitly.kr/v68HMsc)를 참조하라.

Jupyter Notebook

Jupyter Notebook(https://jupyter.org/)은 데이터 과학자가 라이브 코드, 시각화, 공식 및 사람이 읽을 수 있는 서술문으로 문서를 만들고 공유하는 데 사용할 수 있는 오픈소스 웹 응용 프로그램이다. Python, R, Julia 및 Scala를 포함해 40여 개의 프로그램 언어를 지원하며 머신러닝 라이브러리에 대한 샘플 및 자습서를 작성하는 매우 실용적인 방법이다. 이 도구는 데이터 과학자가 높은 수준의 통합 개발 환경[IDE]과 결과를 공유하는 데 널리 사용된다.

TensorFlow

TensorFlow(https://www.tensorflow.org)는 신경망과 같은 머신러닝 응용프로그램에 사용되는 기호 수학을 위한 오픈소스 프로그래밍 라이브러리다. 프로그램을 작업 간에 흐르는 데이터의 방향 그래프^{Directed Graph}로 모형화하는 데이터 흐름 프로그래밍 패러다임을 기반으로 한다. TensorFlow는 고도로 최적화된 C++ 및 CUDA(NVIDIA의 GPU 프로그래밍을 위한 언어)의 조합으로 작성되지만, 일반적으로 Python API 라이브러리를 이용해 접근한다.

Java 또는 C, Go, JavaScript API에서 TensorFlow를 사용할 수 있으며, JavaScript(TensorFlow.js)와 Swift 프로그래밍 언어를 위한 네이티브 포트(네트워크의 포트가 아니라 포팅을 의미함)도 있다.

TensorFlow는 신경망을 개발하는 데 쓰이는 다른 도구에 비해 몇 가지 장점이 있는데, TensorFlow 스크립트가 코드 변경 없이 CPU나 GPU에서 실행될 수 있다는 점이 중요하다. 또한 TensorFlow를 사용하면 신경망으로 프로그래밍할 때 가장 지루한 작업인 역전파 알고리즘을 피할 수 있다(사실 역전파는 이전 반복에서 수치적으로 미분값을 계산함으로써 수행되며 좀 더 효율적임).

TensorFlow 사용법을 쉽게 배우려면 Jupyter Notebook을 사용하는 Google Colab[7] 프로젝트라는 협업 웹 사이트(http://bit.ly/2XaicJn)를 방문해보길 바란다.

TensorFlow는 기본적으로 Keras 라이브러리를 포함하고 있으며 설명서에서 다음과 같은 작업을 위한 TensorFlow Keras 가이드를 많이 찾을 수 있다.

- 기본 분류
- 텍스트 분류
- 회귀

---

7   Google Colaboratory의 약자로, Jupyter Notebook을 Google Drive처럼 사용할 수 있는 협업 도구 – 옮긴이

- 과대적합[overfitting8] 및 과소적합[underfitting9]
- 저장 및 적재 작업

Keras

Keras(https://keras.io/)는 TensorFlow, Microsoft Cognitive Toolkit 또는 Theano(다차원 배열 처리용)[10]에서 실행할 수 있는 고급 신경망 API 역할을 하는 Python 딥러닝 라이브러리다.

Keras는 쉽고 빠른 프로토타이핑, 모듈화 및 간편한 확장성을 제공한다. 최소한의 코드로 신경망을 신속하게 구축하고 테스트하려면 Keras가 적합하다.

Keras 모듈 생성 및 훈련을 위한 예제는 단 몇 줄로 코딩할 수 있다.

```
model = Sequential()
model.add(Dense(32, activation='relu', input_dim=100))
model.add(Dense(1, activation='sigmoid'))
model.compile(optimizer='rmsprop',
  loss='binary_crossentropy',
  metrics=['accuracy'])
# 가상 데이터 생성
import numpy as np
data = np.random.random((1000, 100))
labels = np.random.randint(2, size=(1000, 1))
# 32개의 샘플 묶음으로 데이터를 반복하면서 모형 훈련
model.fit(data, labels, epochs=10, batch_size=32)
```

---

8   모든 정보를 사용해 복잡한 모형을 만드는 경우 – 옮긴이

9   과대적합과 달리, 너무 간단한 모형이 선택돼 데이터의 다양성을 잡아내지 못하는 경우 – 옮긴이

10 GPU를 지원하는 선형 대수 심볼 컴파일러 – 옮긴이

Scikit-learn

Scikit-learn(https://scikit-learn.org/stable/)은 NumPy[11], SciPy[12] 및 Matplotlib[13]과 같은 다른 라이브러리를 기반으로 구축된 데이터 마이닝 및 데이터 분석을 위한 오픈소스 Python 라이브러리다.

서포트 벡터 머신support vector machine, SVM[14], 랜덤 포레스트random forest[15], 경사 부스팅Gradient Boosting[16], k−평균k-means[17] 및 DBSCANDensity-Based Spatial Clustering of Applications with Noise[18] 등을 포함한 다양한 분류, 회귀 및 클러스터링 알고리즘이 특징이다.

다른 도구들과 비교해 scikit-learn의 주요 장점은 학습 곡선이 부드러우며 문법이 순수한 프로그램보다 머신러닝을 지향한다는 것이다. 모든 종류의 머신러닝 문제(클러스터링, 분류, 회귀 등)를 해결하는 모형을 지니고 있다.

다음은 필기 숫자 이미지를 위한 예제 분류자 모형이다.

```
from sklearn import datasets, svm, metrics

# 숫자 데이터 집합
digits = datasets.load_digits()
n_samples = len(digits.images)
data = digits.images.reshape((n_samples, -1))

# 분류자 생성: 서포트 벡터 분류자
classifier = svm.SVC(gamma=0.001)
```

---

11   행렬이나 대규모 다차원 배열 처리를 지원하는 Python 라이브러리 – 옮긴이

12   Python을 기반으로 과학, 분석 및 엔지니어링을 하는 여러 기본적인 작업을 위한 라이브러리. Numpy, Matplotlib, Pandas, Sympy 등과 함께 동작한다. – 옮긴이

13   Matplotlib – Python에서 데이터를 차트나 플롯으로 시각화하는 패키지 – 옮긴이

14   패턴 인식, 자료 분석을 위한 지도 학습 모형으로, 주로 분류와 회귀 분석에 사용 – 옮긴이

15   분류, 회귀 분석 등에 사용되는 앙상블 학습 방법의 일종 – 옮긴이

16   회귀 분석 또는 분류 분석을 수행할 수 있는 예측 모형이며 부스팅 계열에 속하는 알고리즘 – 옮긴이

17   주어진 데이터를 k개의 클러스터로 묶는 알고리즘 – 옮긴이

18   데이터의 밀도를 이용해 클러스터의 형태에 구애받지 않는 알고리즘. 패키지 – 옮긴이

```
# 데이터 집합의 전반 1/2에서 숫자를 학습한다.
classifier.fit(data[:n_samples // 2], digits.target[:n_samples // 2])

# 후반 1/2에서 숫자의 값을 예측한다.
expected = digits.target[n_samples // 2:]
predicted = classifier.predict(data[n_samples // 2:])

# 결과:
print("Confusion matrix:\n%s" % metrics.confusion_matrix(expected, predicted))
```

MNIST 데이터 집합

모든 머신러닝 작업을 위한 모형을 학습하고 유효성을 검사하려면 예제 데이터가 필요하다. MNIST 데이터 집합은 머신러닝 라이브러리 및 프레임워크를 사용해 연습하는 일반적인 예가 국립표준기술연구소(MNIST)의 수정된 데이터 집합이다. 0에서 9까지의 필기 숫자 이미지로 구성된 이 데이터 집합은 필기 텍스트를 인식하도록 모형을 훈련하는 많은 예제에 사용된다.

이 데이터 집합에는 훈련을 위한 60,000개의 예제와 10,000개의 테스트 예제가 포함돼 있다. 숫자는 크기가 정규화 돼 28×28픽셀의 고정 크기 이미지의 중앙에 배치됐다.

http://yann.lecun.com/exdb/mnist에 공개돼 있다.

ONNX

개방형 신경망 교환(Open Neural Network Exchange, ONNX)은 서로 다른 머신러닝 도구 간에 모형을 이동할 수 있는 딥러닝 모형을 표현하는 공개된 형식이다. 한 프레임워크에서 모형을 학습한 후 추론을 위해 다른 프레임워크로 전송할 수 있다.

ONNX 모형을 지원하는 도구는 다음과 같다.

- Microsoft Cognitive Toolkit
- MXNet[19]
- Caffe2[20]
- PyTorch[21]
- Windows Machine Learning[22]

Azure를 사용하는 클라우드 머신러닝 솔루션[19][20][21][22]

클라우드에서 머신러닝 모형을 학습하고 구현하는 데 사용할 수 있는 몇 가지 중요한 도구인 Machine Learning Studio와 Azure Machine Learning 서비스 및 SDK를 살펴보자.

Microsoft Machine Learning Studio

Machine Learning Studio는 코딩이 필요 없는 브라우저 기반의 시각적 드래그 앤 드롭 저작 환경이다. 간단한 방법으로 강력한 프로젝트를 구축하는 데 사용할 수 있다.

---

19 이기종 분산 시스템을 위한 유연하고 효율적인 머신러닝 라이브러리 – 옮긴이
20 딥러닝을 실험하고 새로운 모델과 알고리즘 커뮤니티를 활용할 수 있는 쉽고 간단한 방법을 제공하는 딥러닝 프레임워크 – 옮긴이
21 Torch를 기반으로 NLP와 같은 응용프로그램을 위해 사용하는 Python용 오픈소스 머신러닝 라이브러리 – 옮긴이
22 Windows 장비에서 머신러닝 추론을 실행하는 안정적인 고성능 API – 옮긴이

그림 5-1에 나타난 바와 같이 Machine Learning Studio를 사용하면 다음과 같은 여러 데이터 과학에 대한 작업을 수행할 수 있다.

데이터 탐색

더 큰 비정형 데이터 집합에서 정보 수집

데이터 마이닝

대규모 데이터 집합에서 패턴 검색

설명 분석

데이터 집합을 분석해 시간에 따라 발생한 일을 요약한다.

예측 분석

미래의 결과를 예측하는 모형 구축

지도 학습

레이블이 지정된 데이터를 사용한 알고리즘 훈련

자율 학습

레이블이 지정되지 않은 데이터를 사용해 가능한 관계 찾기

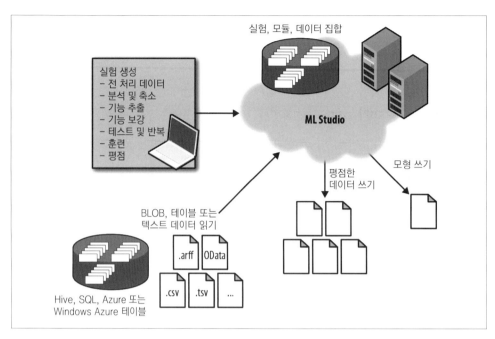

그림 5-1 Machine Learning Studio의 입출력 및 활동

이 절에서는 다음과 같이 응용프로그램 옵션을 정의한다.

프로젝트

단일 프로젝트를 나타내는 실험, 데이터 집합, notebooks 및 기타 리소스 그룹을 캡슐화하는 개념

실험

생성한 후 실행했거나 초안으로 저장한 실험

웹 서비스

실험에서 배포한 웹 서비스

Notebooks

생성한 Jupyter Notebook

데이터

Machine Learning Studio에 업로드한 데이터 집합

훈련된 모형

실험에서 훈련하고 Machine Learning Studio에 저장한 모형

설정

계정 및 리소스를 구성하는 데 사용할 수 있는 설정 모음

Azure Machine Learning Studio를 시작하고 하단의 막대에서 NEW 버튼을 클릭한다. 다음과 같은 몇 가지 옵션이 있는 대화 상자가 나타난다.

Dataset

사용자 고유의 데이터 집합을 가져온다.

Module

ZIP 패키지에서 모듈을 가져오거나 Azure AI Gallery에서 모듈을 선택한다.

Project

새로운 빈 프로젝트를 만든다.

Experiment

새로운 빈 실험을 만들거나 실험 자습서 또는 Azure AI Gallery에 있는 실험을 수행한다.

Notebook

Azure AI Gallery에서 AI Notebooks를 검색한다.

서버리스 앱에서 호출할 수 있는 예측 예제 만들기

이제 몇 가지 주요 매개변수를 기반으로 개인의 예상 수입을 예측할 수 있는 모형을 만들고 훈련해보자.

새 실험을 만드는 단계는 다음과 같다.

1. Machine Learning Studio에서 창 아래쪽의 메뉴 모음에서 **NEW** 버튼을 클릭한 후 **Experiment**를 선택한다. 자동으로 생성된 실험 이름을 클릭해 변경할 수 있다.

2. 창의 왼쪽 상단에 있는 Search experiment items 검색 상자를 사용해 데이터 집합을 찾는다.

3. Income을 입력한 후 Adult census income binary를 실험 영역으로 끌어다 놓는다.

4. 블록의 아래쪽 지점(출력)을 클릭해 추가한 데이터의 검토를 표시하는 창을 연다.

5. 이제 모형 훈련에 데이터 집합의 일부를 사용하고 훈련의 유효성 검사에 다른 부분을 사용할 수 있도록 이 데이터 집합을 분할해야 한다.

6. Split을 다시 검색한 후 Split Data 블록을 추가한다. 기본 속성으로 둔다.

7. 훈련할 머신러닝 모형을 선택한다. Two-Class를 검색한 후 Two-Class Boosted Decision Tree를 실험으로 끌어온다.

8. Train Model 블록을 검색해 실험에 추가한다.

9. 모형과 첫 번째 Split Data 출력을 Train Model 입력에 연결한다.

10. 이 블록을 클릭한 후 오른쪽 탭에서 Launch column selector 옵션을 선택하고 income 열을 사용하도록 지정한다.

11. Train Model과 두 번째 Split Data 출력을 입력으로 하는 Score Model을 추가한 후 Evaluate Model 블록을 추가하고 첫 번째 입력을 Score Model 출력에 연결한다.

12. 하단 바에서 **RUN** 버튼을 클릭해 실험을 실행하고 모형을 훈련한다.

이 과정은 몇 초 정도 걸린다. 각 블록의 처리가 완료되면 녹색 체크 표시가 오른쪽에 나타난다. 그런 다음, Evaluate Model의 출력 지점을 클릭해 그림 5-2와 같이 Visualize 창을 열면 훈련 결과에 대한 그래픽 및 표 데이터가 나타난다.

그림 5-2 Azure Machine Learning Studio의 훈련 모형 데이터 워크플로

이 훈련된 모형을 이전에 살펴본 미리 훈련된 Cognitive Services 모형과 함께 사용하려면 웹 서비스로 설정해야 한다. 이 작업을 수행하는 방법은 다음과 같다.

1. 하단의 메뉴 모음에서 SET UP WEB SERVICE를 클릭한다.
2. Predictive experiment라는 새 탭이 실험 상단에 표시돼 이전 작업을 Training experiment 탭에 남긴다. Web service input과 Web service output이 데이터베이스에 추가된다.

3. Select Columns in Dataset 블록을 추가해 Adult Census Income Binary Data의
   출력을 입력에 연결하고 Score Model의 두 번째 입력('Web service input'이 사용하는
   것과 동일)에 출력을 연결한다.
4. Select Columns in Database 블록을 클릭한 후 오른쪽 탭에서 Launch column
   selector를 선택하고 Income을 입력한다.
5. 그림 5-3에 나타난 것처럼 Score Model과 Web service output 블록 사이에 또
   다른 Select Columns in Dataset 블록을 배치한 후 기존 연결을 대체하고 Scored
   Labels 및 Scored Probabilities 열을 선택한다.

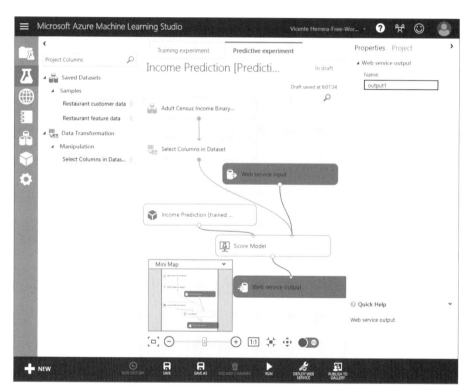

그림 5-3 Azure Machine Learning Studio의 예측 실험

이제 모형을 배포할 준비가 됐다. 창 하단의 메뉴 모음에서 DEPLOY WEB SERVICE를 클릭한다. 보기가 변경되고 Experiment 아이콘 대신 왼쪽에 Web services 아이콘이 선택된다. 여기서 이 서비스에 접근하는 API 키, 스냅샷 및 게시된 실험의 최신 버전 및 종점과 같은 일반 정보를 볼 수 있다. 자세한 설명서를 보려면 다음 중 한 가지를 클릭하라.

Request/Response

　　단일 예측 실행을 위해 호출할 종점

Batch Execution

　　일련의 데이터 처리에 사용할 종점

Edge에 배포

Azure IoT Edge는 IoT Edge 장치에서 기능을 구현하는 코드를 배포하는 데 사용할 수 있는 관리 서비스다. IoT 장치를 계산 플랫폼으로 사용하는 아이디어에서 비롯됐다. 즉, IoT Edge를 사용하면 코드를 클라우드 서비스로 관리할 수 있지만, Azure 플랫폼에서 실행되는 대신 IoT 장치에서 실행된다. 센서를 사용해 센서 내에서 신속하게 처리되는 데이터를 얻을 수 있다. Azure Machine Learning 서비스 및 사용자 맞춤 비전과 같은 일부 Azure Cognitive Services를 위한 배포 목표로 이 서비스를 사용할 수 있다.

Azure Machine Learning 서비스

Azure Machine Learning서비스(https://azure.microsoft.com/ko-kr/services/machine-learning-service)는 머신러닝 모형을 개발, 훈련, 테스트, 배포 및 관리할 수 있는 클라우드 기반 환경을 제공한다. 코드를 사용해 시각적 블록 대신 머신러닝 프로젝트를 설명하는 Machine Learning Studio의 대안으로 생각할 수 있다.

Azure Machine Learning 서비스는 PyTorch, TensorFlow, scikit-learn, CNTK 및 MXNet과 같은 여러 오픈소스 프레임워크와 머신러닝 구성요소가 있는 수천 개의 다른

오픈소스 Python 패키지를 지원한다.

로컬 컴퓨터에서 모형 교육을 시작한 후 Azure 클라우드로 확장할 수 있다. Azure Machine Learning 서비스는 클라우드에서 모형을 관리하기 위한 생산성을 개선하는 머신러닝용 DevOps 기능을 통합한다.

다음은 Azure Machine Learning 서비스를 사용할 때 얻을 수 있는 몇 가지 이점이다.

- Python용 SDK와 Jupyter Notebook 도구
- 자동화된 모형 생성, 훈련 및 조율
- 로컬 컴퓨터에서 학습된 클라우드 규모 모형
- 컨테이너에 쉽게 통합해 다른 곳에 배포(Azure Kubernetes Service, Azure Container Instances, 온프레미스 등)

주요 구성요소

Azure Machine Learning 서비스 프로젝트를 프로그래밍하는 데 사용하는 몇 가지 용어를 설명해보자.

모형

입력을 받아 Azure Machine Learning 서비스에서 실행되는 출력을 생성하는 코드 조각이다. 프레임워크와는 무관(scikit-learn, TensorFlow, Microsoft Cognitive Toolkit 등)하며 Azure Machine Learning 서비스 작업 영역의 모든 모형을 추적한다.

배포

모형 응용프로그램 및 해당 종속성이 있는 이미지의 인스턴스다. 로드밸런서 또는 HTTP 종점으로 Azure Container Instances 또는 Azure Kubernetes Service를 이용해 제공된다. Edge 장치상의 Azure IoT Edge를 사용해 모형 이미지를 장치에 배포할 수도 있다.

Datastore

데이터를 검색하는 데 사용되는 Azure상의 저장소 추상화(Azure Blob Storage 또는 Azure Files)다.

실행

모형을 훈련하기 위한 스크립트를 제출할 때 생성된 모형의 실행이다. 하나의 실행에는 자식 실행이 0개 이상 있을 수 있다. 지정된 스크립트의 실행 그룹을 실험experiment이라 한다. 실행에서 사용되는 인프라 리소스를 계산 대상compute target이라 한다.

파이프라인

머신러닝 과정을 서로 이어주는 워크플로를 만들고 관리하는 객체다. 각 과정은 여러 단계를 포함할 수 있으며 각 단계는 복수의 계산 대상에서 무인으로 실행할 수 있다.

Azure Machine Learning 소프트웨어 개발 키트

로컬 환경에 Python 소프트웨어 개발 키트SDK를 설치해 Azure Machine Learning SDK의 모든 리소스와 함께 작업할 수 있다. SDK의 주요 기능은 다음과 같다.

- 실험을 모니터링, 로깅 및 조직하는 클라우드 리소스 관리
- 로컬 또는 클라우드 리소스를 사용해 모형 훈련
- 구성 매개변수 및 훈련 데이터를 수용하고 예측을 실행하는 데 가장 적합한 모형을 찾고자 알고리즘과 초매개변수 설정에 따라 자동으로 반복하는 자동화된 머신러닝 을 사용
- 훈련된 모든 응용프로그램에서 사용할 수 있는 RESTful 서비스로 모형을 변환하기 위해 웹 서비스 배포

TensorFlow 모형 및 Azure Machine Learning SDK

Azure Machine Learning SDK는 Azure 계산에서 단일 노드 및 분산 실행 모두를 위해 TensorFlow 훈련 작업을 쉽게 제출할 수 있는 사용자 지정 TensorFlow를 제공한다.

Azure Machine Learning은 TensorFlow에서 두 가지 분산 훈련 방법을 지원한다.

- Horovod 프레임워크[23]를 사용한 MPI 기반 분산 훈련
- 매개변수 서버 메소드를 이용한 기본 분산 TensorFlow

또 다른 대안은 Azure Machine Learning SDK 내에서 Keras를 사용하는 것인데, TensorFlow를 사용하는 것보다 접근하기 쉬운 방법이 될 수 있다.

좀 더 자세한 내용은 Python용 Azure Machine Learning SDK 설명서(http://bitly.kr/wXEIafv)에서 확인할 수 있다.

Visual Studio Code를 위한 Azure Machine Learning

Visual Studio Code용 Azure Machine Learning(http://bitly.kr/bsK9HHB)은 머신러닝 및 딥러닝 프로젝트와 함께 이 편집기를 사용해 작업하는 데 도움이 된다. Microsoft Cognitive Toolkit, TensorFlow 및 기타 딥러닝 프레임워크와 함께 사용할 수 있다. Azure Machine Learning 서비스에 연결해 데이터를 준비하고 모형을 훈련하고 Azure Machine Learning 서비스에서 Azure Portal에 머신러닝 모형을 배포하는 데 도움이 된다.

Visual Studio Code용 Azure Machine Learning을 사용하면, 그림 5-4에서 볼 수 있듯이 Azure Machine Learning SDK를 위한 특별한 문법 강조 표시, 자동 완성IntelliSense 및 텍스트 자동 포맷과 같은 일반적인 기능을 활용할 수 있다. 로컬 환경에서 프로젝트를 실행할 때 프로젝트의 실행을 중지하도록 중단점을 설정해 디버깅하는 데 사용할 수 있다.

---

23 TensorFlow상의 빠르고 쉬운 분산 딥러닝 프레임워크 - 옮긴이

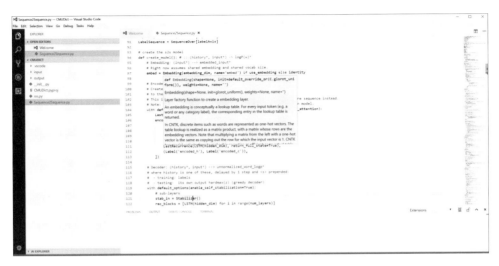

그림 5-4 Visual Studio Code 용 Azure Machine Learning

또한 Azure AI Gallery 브라우저 및 도구를 사용해 Azure 클라우드 또는 Spark 클러스터, Azure GPU VM 등과 같은 다양한 계산 대상에 작업을 제출한다.

Azure Machine Learning을 위한 Visual Studio Code 확장은 Visual Studio Marketplace(http://bit.ly/2v3lgeh)에서 구할 수 있다.

Visual Studio Tools for AI

Visual Studio Tools for AI라는 별도의 도구를 찾을 수 있는데, 같은 이름을 쓰는 Code 의 변종이 아니라 Express 판을 사용해볼 수 있는 원래 Visual Studio를 위한 것이다. 기능 의 범위에서 Visual Studio Code용 Azure Machine Learning과 비슷하지만, 원래 Visual Studio IDE를 위해 개발됐다. 다시 말해 이것은 IDE에서 훨씬 더 간소화된 Code 변종과는 다르다.

Microsoft 웹 사이트(http://bit.ly/2Uzyv5m)에서 Visual Studio Tools for AI를 좀 더 자세히 알아볼 수 있다.

Data Science Virtual Machines

Data Science Virtual Machines(http://bit.ly/2Z84U1z)는 데이터 과학 모형을 개발 및 배포하기 위해 미리 구성된 VM을 쉽게 사용하는 Azure Virtual Machines 서비스다. 개발, 딥러닝, 머신러닝, 데이터 탐색 및 시각화, 데이터 플랫폼 및 수집을 위한 도구뿐 아니라 여러 프로그래밍 언어를 위한 VM을 찾을 수 있다.

Azure Virtual Machines는 서버리스 아키텍처와 동일한 라인에서 '종량제 지불(pay as you go)' 모델과 1~3년 동안의 VM을 미리 구매하는 '예약 가상 시스템 인스턴스(Reserved Virtual Machines Instances)'를 제공한다.

Azure Notebooks

Azure Notebooks(https://notebooks.azure.com)은 Azure 프로젝트 정보를 호스팅하기 위해 구현된 Jupyter Notebooks다. Python 2, Python 3, R 및 F# 프로그래밍 언어로 예제를 구현한다.

웹 사이트(https://notebooks.azure.com/azureml/projects/azureml-getting-started)에서 Azure Machine Learning 서비스 Notebooks의 예를 몇 가지 찾을 수 있다.

배포 및 지속적인 제공

## 6장

배포 및 확장

응용프로그램의 첫 번째 버전을 개발한 후에는 응용프로그램이 실행되는 인프라에 배포해야
한다.

서버리스 응용프로그램은 기본적으로 크기 조정에 문제가 없다. 그러나 이벤트 기반 서버리
스 프로젝트는 보통 클라우드 환경에서 제공하는 많은 서비스에 의존한다. 좀 더 맞춤화된
설정이 필요한 경우, kubelets는 사용자 지정된 컨테이너를 필요에 맞게 구성할 수 있는 방
법을 제공한다. 6장에서는 Azure Kubernetes Service^AKS를 사용해 사용자 맞춤 컨테이너
를 오케스트레이션하는 방법을 알아본다.

배포 옵션

지금까지 진행한 것처럼 명령줄에서 함수 앱을 배포하는 것은 Azure 인프라에 개발을 적용
하는 첫 번째 방법이다. 이 글을 쓰는 시점에서 Python 언어는 아쉽게도 아직 미리 보기로
지원되고 있기 때문에 배포하려면 다른 방법을 사용해야 한다. 일단 모든 가상 환경 요구 사
항과 함께 Python 코드를 컴파일하는 사용자 맞춤 컨테이너가 필요하다. 그러나 다른 프로
그래밍 언어로 된 함수 앱에는 여기에서 설명하는 여러 옵션이 있기 때문에 Python에서 사
용할 수 있게 되면 개념을 바로 활용할 수 있다.

모든 콘텐츠와 옵션이 표시되는 Azure 포털의 함수 앱 웹 페이지에서 **플랫폼 기능** 탭을 클릭한다. 그런 다음 '코드 배포' 절에서 '배포 센터' 링크를 클릭한다. 여기에서는 코드를 가져올 수 있는 여러 위치를 포함해 다양한 소스 제어 옵션을 사용할 수 있다.

Azure Repos

Azure DevOps 서비스(구 Visual Studio Team Services, VSTS)의 일부인 Azure Repos와의 지속적인 통합을 구성

GitHub

GitHub 저장소와의 지속적인 통합을 구성

Bitbucket

Bitbucket 저장소와의 지속적인 통합을 구성

로컬 Git

로컬 Git 저장소에서 배포

OneDrive

OneDrive 클라우드 폴더에서 콘텐츠를 동기화

Dropbox

Dropbox 클라우드 폴더에서 콘텐츠를 동기화

외부

공용 Git 또는 Mercurial 저장소에서 배포

FTP

FTP 연결을 사용해 앱 파일에 접근하고 복사

Azure Repos, GitHub 또는 Bitbucket을 사용하는 경우, 서비스에 접근하기 위해 자격 증명을 제시하라는 메시지가 나타난다. 배포 옵션을 설정하려면 기존 저장소 중에서 선택한다. 저장소에 콘텐츠를 푸시할 때는 파이프라인에서 수신되고 배포 자동화를 트리거할 수 있도록 원격 원본을 해당 저장소에 추가해야 한다. 파일에 대한 실제 버전 제어를 제공하지 않고 관련된 모든 동기화를 배포하려고 하기 때문에 배포 시에 OneDrive, Dropbox 또는 FTP 연결을 사용하지 않는 것이 좋다.

소스 제어 플랫폼을 선택한 후에는 사용할 빌드 공급자를 지정해야 한다.

App Service Kudu 빌드 서비스

배포하는 동안 코드를 추가 구성 없이 자동으로 빌드한다.

Azure Pipelines(미리 보기 상태)

응용프로그램을 빌드하고 부하 테스트하고 앱을 배포하는 사용자 맞춤 배포 파이프라인을 구성할 수 있다.

첫 번째 옵션을 선택하면 모든 작업을 자동으로 수행해 배포 구성 설정을 완료할 수 있다.

두 번째 옵션을 선택하면 추가 스테이징 환경을 구성에 사용할 수 있고 배포를 위한 전체 워크플로를 Azure DevOps 서비스를 사용해 추가로 사용자 맞춤할 수 있다.

그런 다음, 그림 6-1처럼 새 DevOps 조직 및 프로젝트를 만들 것인지, 아니면 기존 조직을 지정할지를 묻는 메시지가 나타난다. 미리 컴파일된 패키지로 배포하려는 .NET 언어를 사용하지 않는 한 함수 앱 유형으로 스크립트 함수 앱을 선택해야 한다. 작업 디렉터리는 비워둬도 된다.

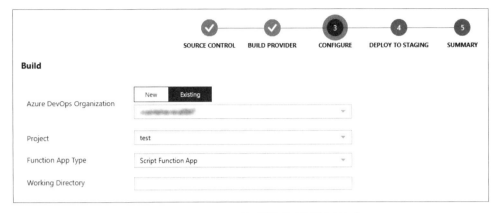

그림 6-1 Azure Pipelines를 사용한 환경 구성(미리 보기)

마지막 단계로, 같은 함수 앱에 할당될 '개발 슬롯'을 설정할 것인지 여부를 묻는 메시지가 나타난다. 이렇게 하면 해당 슬롯의 호출과 응용프로그램의 기본 버전 호출을 구분할 수 있다. 이 방법은 릴리스 버전을 배포하기 전에 앱을 철저히 테스트하는 데 유용하다.

Azure DevOps

이 서비스에는 자체 URL(https://dev.azure.com)이 있으므로 새 조직^{Orgamization}을 만들어 프로젝트^{Project}를 추가하려면 여기를 방문해야 한다. 기본 Azure 포털 사이트에서는 이미 존재하는 DevOps 조직의 속성만 읽을 수 있다.

Azure DevOps를 사용하면 다음과 같은 기능을 사용해 DevOps 조직 및 프로젝트를 만들고 관리하고 배포를 위한 파이프라인^{pipelines}을 사용사 맞춤하고 다른 프로젝트 관리 도구를 사용할 수 있다.

Dashboards

기록에 빠르게 접근할 수 있도록 위젯, 테스트 계획에 대한 차트, 작업 항목, Sprint

Burndown[1] 및 기타 여러 옵션을 추가할 수 있다.

Wiki

프로젝트의 공동 문서 공간

Boards

작업을 추적하기 위한 애자일 및 스크럼 보드

Repositories

프로젝트와 연관된 소스 코드 저장소

Pipelines

GUI 및 미리 구성된 많은 템플릿을 사용해 코드 및 흔적 수집, 테스트 및 배포를 자동화
하도록 파이프라인을 설정할 수 있다.

Test plans

브라우저 확장이나 고급 모듈인 Test Manager 확장을 사용해 보드의 카드에서 테스트
를 생성할 수 있다.

Artifacts

공개 및 비공개 소스의 패키지로부터 수집된 팀과 공유하는 Maven, npm 및 NuGet 패
키지

그림 6-2는 Pipelines에는 Artifacts 정의를 사용해 repository의 분기로 푸시할 소스 코드
를 설정하는 그래픽 도구가 있다는 것을 보여준다. 이 코드는 대상 배포 또는 배포가 자동으
로 트리거되기 전에 전달해야 하는 테스트 배포인 한 개 이상의 작업을 트리거할 수 있다.

---

1   스크럼에서 작업 완료도 및 남은 작업량 등을 그래프로 표현해 팀원들이 볼 수 있게 하는 차트 - 옮긴이

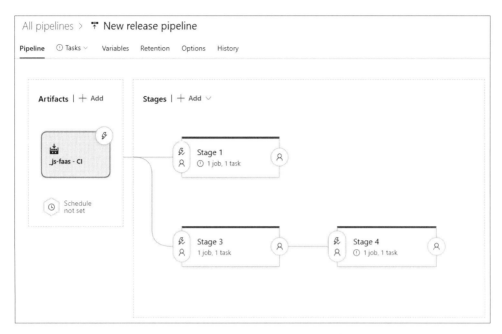

그림 6-2 Azure DevOps에서 pipeline 도구 사용

그림 6-3은 서로 다른 여러 템플릿 목록에서 새 작업을 어떻게 만들었는지를 나타낸 것이다. 이 예제에서는 Azure Functions에 함수 앱을 배포하는 앱을 선택했다.

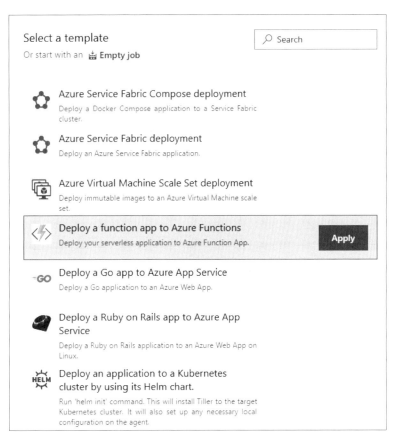

그림 6-3 Azure DevOps에서 template 선택

Docker

Docker는 컨테이너화된 응용프로그램을 개발, 배포 및 실행하는 플랫폼으로 사용할 수 있는 경량 가상화 도구다. Docker의 철학은 시스템이 아닌 프로세스를 가상화하는 것이다. 이는 Docker가 소프트웨어만 가상화하고(실제로는 모든 소프트웨어가 아님) 리소스를 절약하기 위한 방법인 하드웨어 가상화를 건너뛰기 때문이다. 많은 사람이 Docker를 사용해 프로젝트를 실행하는 데 익숙하므로 여기에서는 몇 가지 방법만 살펴보자.

model.py라는 스크립트로 /app에 있는 Python sklearn 응용프로그램을 컨테이너화한다고 가정해보자. Python 및 sklearn으로 이미지를 빌드한 후(Docker 공용 저장소인 Docker Hub에서 미리 빌드된 이미지를 얻을 수 있음) Dockerfile을 사용해 이미지 내부에 코드를 넣어야 한다.

이를 위해서는 Dockerfile에서 일부 명령을 결합하고 빌드해야 한다. 명령줄에서 실행하려면 다음을 입력해야 한다.

```
docker build -t model_image -f Dockerfile
docker run model_image
```

Dockerfile은 Docker에게 이미지를 빌드하는 방법을 지시하는 일련의 명령이 포함된 파일이다. 이 경우 Dockerfile은 다음과 같이 보일 것이다(alpine-python-machinelearning은 sklearn이 미리 빌드된 Python 이미지이다).

```
FROM frolvlad/alpine-python-machinelearning
COPY ./model.py /model.py
RUN python model.py
```

실행 중인 앱이 종료될 때 어떤 이유로든(프로그램이 성공적으로 완료되더라도) 컨테이너의 모든 데이터가 손실된다. 머신러닝 영역에서 모형이 완료되면 생성되는 모든 데이터(훈련 과정의 훈련된 모형, 추론 모형의 예측 등)를 유지하고자 할 것이다. Docker는 이런 데이터의 손실을 방지하기 위해 볼륨volume이라는 개념을 사용한다.

볼륨은 컨테이너 외부에서 데이터를 안전하게 저장하는 동시에 컨테이너 내에서 기본 파일인 것처럼 접근할 수 있도록 해주는 메커니즘이다. 아직 존재하지 않는 볼륨으로 컨테이너를 시작하려면 Docker는 다음과 같이 빌드된 이미지의 docker run을 실행해 볼륨을 만든다.

```
docker run --mount source=my_vol,target=<DIR_PATH> model_image
```

Azure Container Registry

이미지를 클라우드 저장소에 저장하면 이미지를 보존하고 공유하는 데 유용하다. Docker에서는 push 명령을 사용해 이 작업을 수행할 수 있다(이미지 이름에 특정 형식이 있어야 하는 경우도 있음). 예를 들어 Azure Container Registry에 이미지를 푸시하려면 다음 명령을 실행해야 한다.

```
az acr login --name <MY_REGISTRY>
docker tag my_image <MY_REGISTRY>.azurecr.io/my_image
docker push <MY_REGISTRY>.azurecr.io/my_image
```

Azure Container Registry는 Docker 이미지 저장소일 뿐 아니라 Docker를 로컬로 설치하지 않고도 이미지를 빌드할 수 있게 해준다. 한 단계 더 나아가 Azure Container Instance와 같은 이미지를 실행할 수 있는 다른 도구가 있지만 여기서는 필요하지 않다.

데이터 과학자의 관점에서 컨테이너 외부에서 호출해 개발 환경에서 새 데이터로 예측을 활성화할 수 있는 서비스형 프로세스process as a service를 실행하는 것이 흥미로울 것이다. Python을 사용하면, 서비스 포트를 열어 외부에서 연결할 수 있게 한 후에 Flask 라이브러리를 사용해 작업할 수 있다.

이런 관점에서 Docker의 주요 장점은 가상화 때문에 대부분의 시스템과 응용프로그램에 완벽한 호환성을 제공하면서도 동시에 구성하기가 매우 쉽다는 것이다. 더욱이 필요한 이미지가 공식 공개 Docker 저장소인 Docker Hub(https://hub.docker.com/)에 이미 존재할 가능성이 매우 높다.

kubelets

단일 Docker 컨테이너에서 응용프로그램을 실행할 수 있지만 실제 응용프로그램에는 충분하지 않다. 복잡한 시스템의 경우, 응용프로그램은 서로 다른 부품처럼 실행되는 여러 컨테이너로 분리돼 있다.

Docker를 사용해 응용프로그램을 분할하고 실행하면 응용프로그램을 효율적으로 확장할 수 있다. 게다가 한 노드에 오류가 발생할 경우에도 전체 시스템이 운영 환경에서 계속 동작하도록 중복성도 구현하려 한다.

kubelets는 분산된 클러스터에서 Docker 이미지를 조율하는 소프트웨어 도구다. 다른 이미지 관리 도구와 달리 kubelets는 고가용성$^{high\ availability,\ HA}$이 입증됐으며 운영 준비가 된 개발 환경을 제공한다.

머신러닝의 이점 측면에서 kubelets는 TensorFlow와 같은 유명한 프레임워크와 동시에 알고리즘을 개발하고 훈련할 수 있는 도구도 보유하고 있다. 또한 TFJob 및 JupyterHub(이 두 가지는 6장의 후반부에서 자세히 설명한다)와 같은 머신러닝을 위한 편리한 kubelets 확장(사용자 맞춤 리소스)도 있다.

kubelets의 또 다른 주요 이점은 쉬운 분배 처리다. Azure Kubernetes Service를 사용하면 데이터 과학자가 온프레미스에 동일한 속성을 가진 물리적 컴퓨터를 사용하는 데 드는 비용보다 적은 비용으로 몇 분 만에 kubelets 클러스터를 사용할 수 있다. 예를 들어 Azure에서 최소 kubelets 클러스터를 만드는 것은 다음 명령을 실행하는 것만큼 간단하다.

```
az aks create \
  --resource-group <RESOURCE_GROUP> \
  --name <CLUSTER_NAME> \
  --node-count 1 \
  --generate-ssh-keys
```

kubelets 리소스

kubelets에는 앱을 배포할 때 유용한 다양한 리소스가 있다.

이 절에서 설명할 리소스는 다음과 같다.

파드^{Pods}

가장 작고 간단한 kubelets 객체다. 파드는 클러스터에서 단일 컨테이너 또는 실행 중인 컨테이너의 집합을 나타낸다. 이 단위는 kubelets에서 실행하는 모든 작업 부하의 기본 단위다.

배포

응용프로그램의 다중 복사본^{Pod}을 실행하는 가장 일반적인 방법이다. 컨테이너 이미지에 대한 지속적인 업데이트를 지원한다.

서비스

배포 자체는 트래픽을 수신할 수 없다. 요청을 수신하고 균형을 맞추도록 배포를 구성하는 가장 간단한 방법 중 하나가 서비스 설정이다.

kubelets의 리소스는 구성 파일^{configuration files} 또는 매니페스트^{manifests}라는 파일을 이용해 사용자가 맞춤식으로 배포한다. 이런 파일은 설명되는 리소스 및 kubelets API 객체의 관점에서 결정된 구조를 지닌 YAML 또는 JSON 형식으로 돼 있다. 다음은 파드 구성 파일의 예다.

```
apiVersion: v1
kind: Pod
metadata:
  name: my_pod
spec:
  containers:
  - name: my_pod
    image: <MY_REGISTRY>.azurecr.io/my_image
    resources:
      limits:
        cpu: 100m
        memory: 128Mi
      limits:
        cpu: 250m
        memory: 256Mi
```

파드는 Docker 컨테이너와 마찬가지로 동작이 멈추거나 종료되면 데이터를 잃는다. kubelets가 제공하는 해법도 API 확장인 PersistentVolume 및 PersistentVolumeClaim을 이용해 외부 저장소를 구성하는 것이다.

여러 파드가 동일한 저장소 볼륨에 동시 접근해야 하는 경우, 정적 또는 동적 공간이 있는 Azure Files 또는 Azure Disk Storage 서비스에 서버 메시지 블록^{Server Message Block, SMB} 프로토콜을 사용해 연결한다.[2]

가장 간단하게는 Azure Files 정적 공간을 만들면 된다. 먼저 리소스 그룹 및 저장소 계정을 만든다.

```
az group create --name <RESOURCE_GROUP> --location <LOCATION>
az storage account create -n <STORAGE_ACCOUNT> -g \
<RESOURCE_GROUP> -l <LOCATION> --sku Standard_LRS
```

그런 다음, 연결 문자열을 내보내고 파일 공유를 만든다.

```
export CONNECTION=`az storage account show-connection-string \
-n <STORAGE_ACCOUNT> -g <RESOURCE_GROUP> -o tsv`
az storage share create -n <SHARE_NAME>
```

kubelets로 Azure 파일에 접근하려면 자격 증명이 필요하다. kubelets는 kubelets Secret을 이용해 Azure에 대한 접근 권한을 부여한다. 이것을 사용하려면 다음 명령에 나타난 대로 kubectl 클라이언트가 필요하다.

```
STORAGE_KEY=$(az storage account keys list \
  --resource-group <RESOURCE_GROUP> \
  --account-name <STORAGE_ACCOUNT> \
```

---

2   Ms-Dos나 Windows에서 파일이나 디렉터리 및 주변 장치들을 공유하는 데 사용되는 메시지 형식 - 옮긴이

```
  --query "[0].value" -o tsv)
kubectl create secret generic azure-secret \
  --from-literal=azurestorageaccountname=<STORAGE_ACCOUNT> \
  --from-literal=azurestorageaccountkey=$STORAGE_KEY
```

이제 Azure Files 공유를 탑재하려면 mountPath 필드에 지정된 경로에서 파드의 YAML을
수정하기만 하면 된다.

```
apiVersion: v1
kind: Pod
metadata:
  name: my_pod
spec:
  containers:
  - name: my_pod
    image: <MY_REGISTRY>.azurecr.io/my_image
    resources:
      limits:
        cpu: 100m
        memory: 128Mi
      limits:
        cpu: 250m
        memory: 256Mi
    volumeMounts:
      - name: azure_volume
      mountPath: /mnt/data
    volumes
    - name: azure_volume
      azureFile:
        secretName: azure-secret
        shareName: <SHARE_NAME>
        readOnly: false
```

kubelets 확장성 - 가상 노드

클라우드에서 kubelets 클러스터의 장점은 클러스터 구성을 업데이트하는 것만으로 언제든 지 리소스를 수동으로 확장할 수 있다는 것이다. 확장하려는 노드 수에 따라 몇 분 정도 걸릴 수 있다. 다음 코드를 수행하는 것만큼 쉽다.

```
az aks scale \
  --resource-group <RESOURCE_GROUP> \
  --name <CLUSTER_NAME> \
  --node-count 1 \
  --nodepool-name <your node pool name>
```

클라우드 kubelets 서비스는 일반적으로 자동 크기 조정을 선택할 수 있게도 한다. 자동 크 기 조정은 서비스 수요가 요구할 경우 새 파드를 생성하고 리소스 제약으로 인해 노드에서 클러스터를 예약할 수 없는 경우 새 노드를 생성하는 식으로 수행된다. Azure에서는 다음 코드를 사용해 클러스터를 자동 크기 조정으로 재구성할 수 있다.

```
az aks update \
  --resource-group <RESOURCE_GROUP> \
  --name <CLUSTER_NAME> \
  --enable-cluster-autoscaler \
  --min-count 1 \
  --max-count 3
```

Azure에서 사용할 수 있는 흥미로운 도구 중 하나는 가상 노드(현재 미리 보기)이다. 가상 노 드를 사용하면 몇 초만에 시작하는 컨테이너 인스턴스 내에서 추가 파드를 탄력적으로 프로 비전할 수 있다.

kubelets를 위한 머신러닝 도구

머신러닝을 위해 kubelets 클러스터를 자체적으로 관리하는 것은 간단한 작업이 아니다.

좀 더 쉽게 작업하기 위해 Kubeflow, ksonnet 및 kubectl 같은 몇 가지 도구를 사용할 수 있다.

Kubeflow

자체 인프라를 준비하는 데이터 과학자든 데이터 과학자 팀을 위해 플랫폼을 준비하는 DevOp이든, 컨테이너와 노드를 이용해 작업 분포 관리를 위한 모든 세부 사항을 직접 구현하고 싶지는 않을 것이다. 모형을 개발하고 훈련할 때 데이터 파이프라인 프로세스를 설정하는 방법에 집중한다.

Kubeflow는 kubelets 클러스터 위에서 사용하기 쉬운 머신러닝 리소스를 제공하는 오픈소스 프로젝트로 kubelets에서 머신러닝 작업 부하 수행을 간단하고 이식 가능하며 확장성 있게 만든다. 다음과 같이 kubelets에 Kubeflow를 ksonnet 앱으로 배포할 수 있다(163페이지의 'ksonnet' 참조).

```
ks registry add kubeflow github.com/kubeflow/kubeflow/tree/v0.2.2/kubeflow
```

kubelets의 관점에서 보면, Kubeflow 설치는 머신러닝 프로세스에 대한 다양한 작업을 지원하기 위해 클러스터에 다른 리소스를 배치하는 것과 관련돼 있다. 예를 들어 Kubeflow를 설치한 후 `kubectl get pods`를 실행하면 다음과 같은 출력을 얻을 수 있다.

```
NAME                                   READY   STATUS    RESTARTS   AGE
ambassador-849fb9c8c5-4v79h            2/2     Running   0          6s
ambassador-849fb9c8c5-9zs5p            2/2     Running   0          6s
ambassador-849fb9c8c5-lxjzg            2/2     Running   0          6s
centraldashboard-5d8d6ccdf8-cf547      1/1     Running   0          6s
tf-hub-0                               1/1     Running   0          6s
tf-job-dashboard-bfc9bc6bc-rwc6q       1/1     Running   0          6s
```

```
tf-job-operator-v1alpha2-756cf9cb97-szk6x     1/1        Running    0            6s
```

여기서는 kubelets와 조율된 서버리스 머신러닝 솔루션을 배포한다는 목표와 관련된 주요 Kubeflow 리소스에 집중한다.

Kubeflow Pipeline – Kubeflow Pipeline은 소위 파이프라인 구조[pipeline structure]를 지향하는 머신러닝 응용프로그램을 구축한다는 아이디어에서 비롯됐다. 파이프라인은 정의된 그래프 대로 순차적으로 실행되도록 설계된 기능 단계에 따라 독립된 컨테이너로 분할된 응용프로그램들로 구성된다.

예를 들어 Python 머신러닝 응용프로그램은 다음과 같은 구조의 모듈로 나뉜다.

```
/data
    ├── train.txt
    ├── test.txt
/scripts:
    ├── main.py
    ├── data_preprocess.py
    ├── train_model.py
    ├── predict_model.py
    ├── hyperparameters.py
```

이 예제의 모든 .py 파일들은 자체 종속성이 있는 독립된 컨테이너 안에 위치할 수 있다. main.py 파일로 모두를 실행하는 대신, Kubeflow Pipeline로 그래프를 만들어 모든 컨테이너 모듈을 순차적으로 연결한다.

Kubeflow Pipeline은 컨테이너를 연결할 뿐 아니라 컨테이너를 스케줄하고 실험, 작업 및 실행을 관리하고 추적하기 위한 사용자 인터페이스를 제공한다. 앞으로는 컨테이너의 종단 간 조율을 가능하게 할 것이다(0.4.1 릴리스에서 지원할 것으로 예상된다).

Kubeflow TensorFlow – Kubeflow에서 TensorFlow에 대한 작업(예: NVIDIA TensorRT Inference Server, TensorFlow Serving, TensorFlow Batch Predict, TensorFlow Training)을 수행

하는 데 사용할 수 있는 구성요소가 많다. 이 모든 개념의 본질적인 아이디어는 분산 클러스터에서 TensorFlow로 작업하는 문제를 쉽게 하는 것이다. 이는 TensorFlow 및 kubelets와 함께 작업할 때 얻는 주요 이점 중 하나다. Kubeflow에서 찾을 수 있는 좋은 통합은 분산 처리, 운영이 준비된 환경, 고가용성 등 kubelets의 모든 장점을 제공한다. Kubeflow는 Caffe, PyTorch 등과 같은 다른 프레임워크에서 사용할 수 있게 됐다.

이런 도구를 사용해 분산 환경에서 모형을 개발하고 훈련할 수 있을 뿐 아니라 훈련된 모형을 운영 환경으로 서비스할 수도 있다.

Kubeflow JupyterHub – Kubeflow는 Jupyter Notebook 인터페이스인 JupyterHub라는 구성요소를 제공하므로 kubelets 플랫폼에서 노트북을 실행할 수 있다. 또한 JupyterHub는 다중 사용자 허브이므로 단일 사용자 Jupyter Notebook 서버의 여러 인스턴스를 생성, 관리 및 대행한다. 이 두 가지 이유 때문에 JupyterHub는 동시에 작업하는 여러 기계와 사용자 간에 노트북을 확장할 수 있는 좋은 도구다.

브라우저를 이용해 정의된 호스트로 JupyterHub 노트북에 접근한다. 사용자는 GPU 및 CPU 리소스를 선택할 수 있으며 사용자 자격증명으로 로그인하면 생성된 노트북 인스턴스가 제공된다.

kubelets에 배포 – 앞에서 살펴본 바와 같이 kubelets 클라이언트인 kubectl로 YAML 또는 JSON 파일을 적용함으로써 kubelets에 리소스를 배포한다. 이미 이 작업을 수행했다면, 동일한 리소스에 대한 YAML 파일의 대부분은 대체로 같다는 것을 알 수 있다. 그러나 단순히 골격을 복사/붙여넣기 하고 동일한 리소스의 여러 YAML 버전을 갖는 것은 오류의 원인이 될 수 있다. 다행히 도움이 될 수 있는 ksonnet라는 도구가 있다.

ksonnet

ksonnet은 kubelets에 리소스를 배포하는 도구다. 다음 명령을 사용해 GitHub 저장소에서 설치할 수 있다(우분투 컴퓨터에 대한 예제다).

```
wget -O ks.tar.gz \
  https://github.com/ksonnet/ksonnet/releases/download/v0.12.0/ \
  ks_0.12.0_linux_amd64.tar.gz
mkdir ks && tar xf ks.tar.gz -C ks --strip-components 1
sudo mv ks/ks /usr/bin/
sudo chown root:root /usr/bin/ks
sudo chmod a+x /usr/bin/ks
```

다음과 같이 ksonnet으로 프로젝트를 시작할 수 있다.

```
ks init project
```

이렇게 하면 다음과 같은 파일 구조가 만들어진다.

```
/project
    ├── app.yaml
    ├── components // 클러스터에 배포되는 요소들
    │       └── params.libsonnet
    ├── environments // 앱이 배포되는 환경
    │       ├── base.libsonnet
    │       └── default
    │       ├── main.jsonnet
    │       ├── params.libsonnet
    │       └── spec.json
    ├── lib // 앱에 특화된 도움말 코드
    └── vendor // 앱이 활용하는 외부 라이브러리
```

ksonnet은 또한 components라는 매니페스트에 따라 리소스 구성 파일을 수집한다. 리소스는 파드처럼 간단할 수도 있고 전체 로깅 스택처럼 복잡할 수도 있다. 구성요소는 /components 폴더에 위치한다.

또한 ksonnet은 객체지향 프로그래밍의 객체에 가까운 추상화를 추가한다. ksonnet의 프로

토타입은 지루한 상용구 설정 작업을 건너 뛸 수 있는 사전 구성된 구성요소다. 다음과 같이 특정 앱에 대한 일부 매개변수를 설정하기만 하면 된다.

```
ks prototype list
ks prototype describe redis-stateless // 미리 빌드된 프로토타입
ks generate redis-stateless redis
```

kubectl

kubelets에 클라이언트로 접근할 때는 kubectl 도구를 사용해야 한다. kubectl은 kubelets에 대한 명령을 실행하기 위한 명령줄 인터페이스다. kubectl을 자세히 설명하는 것은 이 책의 범위를 벗어나므로 생략한다. 그러나 다음에 예시로 든 것처럼 kubectl로 YAML 구성 파일을 사용해 리소스를 만들고 제거하는 방법을 언급하는 것은 중요하다.

```
kubectl apply -f ./my_pod.yaml
kubectl delete -f ./my_pod.yaml
```

get 명령을 사용해 kubelets에 배포된 리소스에 대한 정보를 얻을 수 있다.

```
kubectl get pods
kubectl get services
```

좋은 방법은 아니지만, kubelets에서는 컨테이너 콘솔에 연결해 시스템 명령을 실행하는 것이 유용할 수 있으며 주로 문제가 생겼을 때 다음을 확인하는 것이 좋다.

```
kubectl exec -it <POD_NAME> bash
```

단일 컨테이너 머신러닝

이전 절에서 설명한 도구를 사용하면 머신러닝 모형을 개발, 훈련, 서비스 및 테스트할 수 있다. kubelets에 배포되는 최소의 머신러닝 서비스는 단일 컨테이너에 미리 훈련된 추론 모형으로 구성된다.

이 경우는 잘 동작하는 것처럼 보이는 로컬로 훈련된 모형이 있고 kubelets 앱의 환경에서 배포하려는 경우 또는 확장 가능성이 별로 없는 간단한 공용 서비스를 만들려는 경우에 특히 유용하다.

이 예제의 머신러닝 로컬 응용프로그램의 파일 구조는 다음과 같다.

```
/ml_app
├── requirements.txt
├── /model
│       └── trained_model.pkl
├── /data
│       ├── train.txt
│       └── text.txt
├── train_script.py
├── predict_script.py
└── main_script.py
```

이 예제에서 trained_model.pkl은 훈련된 모형을 포함한 Python에서 읽을 수 있는 파일이며 requirements.txt는 Python의 종속성이 있는 파일이다. train_script.py와 predict_script.py 파일은 각각 훈련 및 예측 용도인 반면, main_script.py 파일은 예측할 새 데이터로 게시할 Flask 빠른 웹 서비스다.

```
import predict_script
from flask import Flask, request
app = Flask(__name__)
@app.route("/predict", method=["POST"])
```

```
def predict():
new_data = request.data
return predict_script.model.predict(new_data)
```

main_script.py을 실행하는 이 응용프로그램에 대한 컨테이너를 만들고 훈련된 알고리즘으로 웹 서비스를 시작하려 한다. Docker를 사용하면 다음과 같이 Dockerfile로 로컬 컴퓨터에서 이미지를 만들 수 있다.

```
FROM frolvlad/alpine-python-machinelearning
COPY ./ml_app ./ml_app
WORKDIR "./ml_app"
RUN pip install -r requirements.txt
EXPOSE 5000
CMD FLASK_APP=main.py flask run --host=0.0.0.0
```

다음을 수행하면 이미지를 만들고 푸시할 수 있다.

```
docker build -t my_ml_image .
docker tag my_ml_image <MY_REGISTRY>.azurecr.io/my_ml_image
docker push <MY_REGISTRY>.azurecr.io/my_ml_image
```

마지막으로 이미지가 머신러닝 모형으로 만들어지고 저장소로 푸시되면, 다음과 같이 YAML 파일을 사용자 맞춤해 저장소에서 이미지를 가져와 배포하기만 하면 된다.

```
apiVersion: apps/v1
kind: Deployment
metadata:
name: my_ml_image
spec:
replicas: 3
selector:
```

```
matchLabels:
app: my_ml_image
template:
metadata:
labels:
app: my_ml_image
spec:
containers:
- name: my_ml_image
image: <MY_REGISTRY>.azurecr.io/my_ml_image
ports:
- containerPort: 5000
```

실제 모형에서는 훈련 데이터가 변경되거나(또는 컨테이너를 변경할 수 없는 경우) 이미지를 다시 빌드하지 않고도 업데이트할 수 있다. 이 경우에는 YAML 파일을 편집해 이미지에 볼륨을 추가하는 것이 좋다.

```
apiVersion: apps/v1
kind: Deployment
metadata:
name: my_ml_image
spec:
replicas: 3
selector:
matchLabels:
app: my_ml_image
template:
metadata:
labels:
app: my_ml_image
spec:
containers:
- name: my_ml_image
image: <MY_REGISTRY>.azurecr.io/my_ml_image
```

```
ports:
- containerPort: 5000
volumeMounts:
- mountPath: ./data
name: my_ml_image_data
volumes:
- name: my_ml_image_data
azureFile:
secretName: azure-secret
shareName: files-kubelets
readOnly: false
```

이 아키텍처를 사용하면, kubelets DNS를 이용해 다른 파드에서 호출할 수 있는 kubelets 클러스터에 배포된 머신러닝 서비스를 보유하게 된다. 머신러닝 서비스를 공공에 서비스할 경우 다른 파드에서 접근하는 것 외에 Service와 Ingress라는 두 가지 구성요소가 더 필요하다.

kubelets의 Jupyter Notebook

이 예제에서는 kubelets에서 최소한의 Jupyter Notebook을 빠르게 실행하는 방법을 살펴본다. 컨테이너 관리에 어려움을 겪고 싶지 않은 데이터 과학자에게 도움이 될 수 있다.

Docker Hub는 Jupyter가 실행하도록 준비된 미리 빌드된 이미지를 제공한다.

```
apiVersion: apps/v1
kind: Deployment
metadata:
name: jupyter-notebook
labels:
app: jupyter-notebook
spec:
replicas: 1
selector:
```

```
matchLabels:
app: jupyter-notebook
template:
metadata:
labels:
app: jupyter-notebook
spec:
containers:
- name: minimal-notebook
image: jupyter/minimal-notebook:latest
ports:
- containerPort: 8888
```

공용 서비스, 암호 접근, 볼륨 등을 추가하면 Jupyter 배포를 쉽게 개선할 수 있다. 이 예제
에서는 빠른 배포만 보여주며 더 많은 기능이 필요한 경우 JupyterHub로 이동하는 것이
좋다.

TFJob을 이용해 분산된 머신러닝

도구 없이 분산된 TensorFlow 알고리즘을 배포하는 것은 분산 시스템 관리와 신경망 개발
을 모두 숙달해야 하는 어려운 작업이다. 그러나 TFJob 리소스를 사용하면, 일부 구성 파일
을 정의하는 것만으로도 동일한 결과를 얻을 수 있다.

kubelets에 TFJob 도구가 있는지 확인하려면 Kubeflow를 배포하길 권장한다. 그런 다음,
ksonnet 응용프로그램을 초기화하고 Kubeflow 패키지를 설치해야 한다.

먼저 ksonnet 앱을 초기화하고 네임스페이스를 default로 설정한다.

```
ks init my-kubeflow
cd my-kubeflow
ks env set default --namespace my-kubeflow
```

그런 다음 Kubeflow의 ksonnet 매니페스트에 대한 참조를 추가하고 Kubeflow 구성요소를 설치한다.

```
ks registry add kubeflow github.com/kubeflow/kubeflow/tree/v0.2.2/kubeflow
ks pkg install kubeflow/core@v0.2.2
ks pkg install kubeflow/tf-serving@v0.2.2
```

핵심 구성요소에 대한 템플릿을 만들고 Azure Kubernetes Service에 대한 Kubeflow의 설치를 사용자 지정한다.

```
ks generate kubeflow-core kubeflow-core
ks param set kubeflow-core cloud aks
```

마지막으로 Kubeflow를 배포한다.

```
ks apply default -c kubeflow-core
```

이제 Azure Kubernetes Service에서 TFJob을 CRD^{Custom Resource Definition, 사용자 리소스 정의}로 사용할 수 있다. TFJob 객체에는 이 책에서 다루지 않는 많은 사양이 있다(직접 조사할 수도 있음). 고려해야 할 사항은 TFJob이 TensorFlow 프로세스를 자동으로 배포할 뿐 아니라, 일반적으로 TF_CONFIG라는 파일에서 TensorFlow 클러스터 사양(tf.train.ClusterSpec( )를 사용해)을 전달하는 코드를 최소한으로 변경해서 배포한다는 점이다. 마스터 하나와 두 작업자가 있는 클러스터의 경우 코드는 다음과 같을 수 있다.

```
{
"cluster":{
"master":[
"distributed-breast-cancer-master-5oz2-0:2222"
],
```

```
"worker":[
"distributed-breast-cancer-worker-5oz2-0:2222",
"distributed-breast-cancer-worker-5oz2-1:2222"
]
},
"task":{
"type":"worker",
"index":1
},
"environment":"cloud"
}
```

이 TFJob 객체는 TensorFlow 훈련 YAML이 얼마나 간단한지 보여준다. 작업 및 실행 TensorFlow 모형(이 예제에서는 TensorFlow 저장소의 공개 예제에서 나온 MNIST 모형)과 함께 Azure Container Registry에 업로드된 이미지 tf-mnist : gpu를 위해 NVIDIA GPU를 지정한다.

```
apiVersion: kubeflow.org/v1alpha2
kind: TFJob
metadata:
name: tensorflow_module
spec:
tfReplicaSpecs: 1
MASTER:
replicas: 1
template:
spec:
containers:
- image: <MY_REGISTRY>.azurecr.io/tf-mnist:gpu
name: tensorflow
resources:
limits:
nvidia.com/gpu: 1
volumeMounts:
```

```
  - name: azurefile
  subPath: tensorflow_module
  mountPath: /tmp/tensorflow
  restartPolicy: OnFailure
  volumes:
  - name: azurefile
  persistentVolumeClaim:
  claimName: azurefile
```

GPU 이미지를 사용하려면 클러스터 노드에 GPU가 설치돼 있어야 한다. Azure에서는 이
것이 문제가 되지 않는다. AKS 클러스터를 설치할 때 GPU가 장착되도록 노드를 구성할 수
있다. persistentVolumeClaim가 동적 저장소에서 공간을 얻기 위한 kubelets의 리소스다.
이 저장소는 훈련된 모형을 저장하는 데 필요하다.

다음 명령을 실행해 TensorFlow 작업을 수행한다.

```
  kubectl create -f tensorflow_module.yaml.
```

이렇게 하면 kubelets 클러스터에 TFJob 리소스와 파드가 생성돼 실행된다. 파드가 완료되
면 파드 이름으로 kubectl logs를 실행해 로그를 볼 수 있다.

## 7장

보안

지금까지 누가 접근할 수 있는지에 크게 신경 쓰지 않고 서버리스 응용프로그램들에 리소스를 할당하고 종점을 배포했다. 그러나 서버리스 프로젝트 작업에서는 보안이 매우 중요하다. 정보에 접근할 수 있는 권한이 있는 사람을 관리해야 할 뿐 아니라 제한을 설정해두지 않았을 때 서버의 비용이 작업 부하에 비례해 증가할 수 있는 오남용 가능성도 고려해야 한다.

Azure Functions 권한 부여 수준

먼저 배포된 함수의 권한 부여 수준에 주의를 좀 더 기울여야 한다.

명령 func new 명령을 사용해 함수 앱에서 새로운 함수를 만들 때, function.json 정의 파일에서 인증 수준이 기본적으로 anonymous임을 알 수 있다.

```
{
  "scriptFile": "__init__.py",
  "bindings": [
    {
      "authLevel": "anonymous",
      "type": "httpTrigger",
      "direction": "in",
```

```
      "name": "req",
      "methods": [
        "get",
        "post"
      ]
    },
    {
      "type": "http",
      "direction": "out",
      "name": "$return"
    }
  ]
}
```

anonymous가 아닌 수준에서는 모두 함수가 호출될 때마다 접근 키를 제공돼야 한다. 따라서 단순히 매개변수가 있는 URL만 사용하는 대신, 다음과 같이 토큰도 추가해야 한다.

https://testkeysfaas.azurewebsites.net/api/HttpTrigger1?code=o/dFoKcpqw3aNMuV3uR
Fi2qLJdVvr226HXlWs8FkFMGwL63J1ie2dw==

키의 주요 수준은 다음과 같다.

호스트Host

함수 앱 전체에 대한 정의

함수Function

함수에 대해서만 정의

authLevel

매개변수에는 여러 가지 값이 있다.

anonymous

누구나 제한 없이 종점을 호출할 수 있다.

function

함수별 키(function-specific key)가 필요하다.

admin

함수를 호출하려면 마스터 키[master key]가 필요하다.

그림 7-1은 앱을 구축할 때 Azure Portal에서 접근 키를 관리하는 방법을 보여준다. 응용프로그램을 시작할 때, 배포된 모든 함수를 볼 수 있는지 꼭 확인해야 한다. 그런 다음, 왼쪽의 패널에서 편집할 함수(이 그림에서는 'HttpTrigger')의 이름 아래에 있는 Manage를 클릭한다. 그림 7-1과 같이 새 섹션이 나타난다. 새 함수 키[function key]와 호스트 키[host key]를 추가할 수 있고 이미 정의된 키도 볼 수 있다.

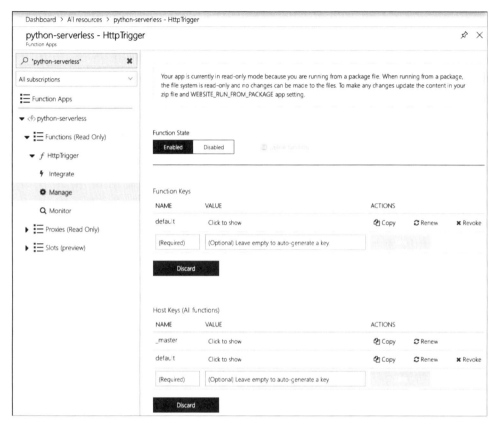

그림 7-1 Azure Portal의 접근 키 관리

API 관리

종점에 추가 보안을 설정하려면, API Manager를 사용해 함수 앱 종점 앞에 새로운 API 종점을 배치할 수 있다. 이렇게 하면 다음과 같은 많은 작업을 수행할 수 있다.

- 함수가 아직 코딩되지 않은 경우에 함수의 호출을 설계한다.
- 다른 코드베이스를 호출하는 다른 API 버전을 관리한다.
- 하나의 API 정의에서 여러 함수 앱을 그룹화한다.

- 접근을 감독하고 보안 사항과 제한 사항을 설정한다.

함수 앱에 API 관리 레이어를 추가하려면 Azure Portal에서 API Management 유형의 새로운 리소스를 만들어야 한다. 생성될 때까지 기다린 후 새 리소스를 방문한다. 화면 왼쪽의 창(그림 7-2 참조)에서 **API**를 선택한 후 **Add API**를 클릭한다. 그런 다음 추가할 새 API의 소스를 묻는 메시지가 나타나면 **함수 앱**을 선택한다.

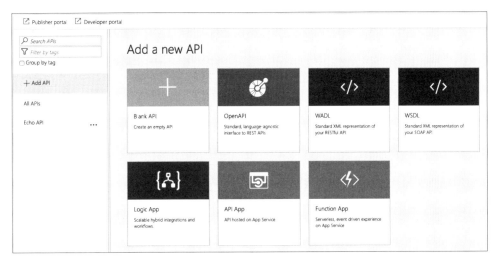

그림 7-2 함수 앱에 API 관리 계층 추가하기

업로드된 함수 앱을 보면 그림 7-3에 나타난 것과 같이 가져올 모든 HTTP 메소드와 함께 구현하는 모든 함수의 목록이 나타난다.

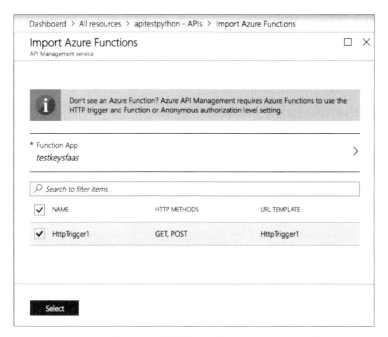

Dashboard > All resources > apitestpython - APIs > Import Azure Functions

Import Azure Functions
API Management service

☐ ✕

ⓘ Don't see an Azure Function? Azure API Management requires Azure Functions to use the
HTTP trigger and Function or Anonymous authorization level setting.

* Function App
testkeysfaas   >

🔍 *Search to filter items..*

☑	NAME	HTTP METHODS	URL TEMPLATE
☑	HttpTrigger1	GET, POST	HttpTrigger1

Select

그림 7-3 함수 앱으로 구현된 함수 목록(가져올 HTTP 메소드 포함)

모두 선택한다. 이어서 새 API에 대한 API URL suffix뿐 아니라 새 표시 이름을 묻는 메시
지도 나타난다(그림 7-4 참조). 또한 함께 번들로 지정하고 버전을 부여할 수 있는 여러 API
및 서비스에 제품을 명시할지 묻는 메시지가 나타난다.

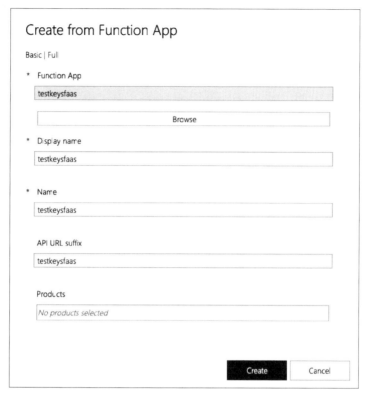

그림 7-4 새 API를 만드는 단계

이와 같은 단계로 새 API 관리 정의를 생성한다. 이제 이런 종류의 리소스가 구현하는 여러 기능을 사용할 수 있다. 접근 통제 및 보안과 관련해 다음을 확인할 수 있다.

액세스 제어IAM

API에 역할 할당 접근을 추가한다.

사용자 및 그룹

좀 더 복잡한 도구에 의존하지 않기 위해, 간단한 사용자 지정 목록을 관리할 수 있다.

등록

사용자에게 배포하기 위해 범위 및 활성 또는 비활성 상태가 있는 구독 키를 생성한다.

ID

다음과 같이 API에 접근하는 데 사용할 식별자 제공 업체를 지정한다.

- Azure Active Directory
- Azure Active Directory B2C
- Facebook
- Google
- Microsoft
- Twitter
- 사용자명과 비밀번호

OAuth 2.0

클라이언트에 권한을 부여하기 위해 OAuth 2 서비스를 추가한다.

OpenID Connect

클라이언트에 권한을 부여하는 데 사용할 OpenID 제공자를 추가한다.

인증 기관^{CA} 인증서

신뢰할 수 있는 루트 또는 중개자^{intermediate party}로서 새 인증서를 추가한다.

클라이언트 인증서^{Certificates}

클라이언트가 요청을 승인하는 데 사용할 수 있는 인증서를 추가한다.

위임

기존 웹 사이트를 사용해 로그인, 사인아웃과 같은 작업을 수행한다.

관리 ID

식별자 관리를 위해 Azure Active Directory에 등록한다.

Virtual Network

네트워크 내 접근이 제한되지 않게 하기 위해 여러 Azure Portal 서비스 간의 상호작용에 사용되는 가상 네트워크를 만든다.

프로토콜 설정

암호, 클라이언트, 배면 HTTP 및 Transport Layer Security^{TLS} 보안에 대한 몇 가지 옵션을 설정한다.

API Manager에는 다른 유용한 기능이 많으므로 확인해보는 것이 좋다.

Azure 보안

Azure 보안은 응용프로그램을 보호하는 도구와 기능을 제공하는 Azure 플랫폼의 특별한 서비스다. Azure 보안은 함수 앱 또는 API뿐 아니라, 조직 보안을 관리하는 통합 도구다. 고객 데이터의 기밀성, 무결성 및 가용성을 제공하는 동시에 책임 소재도 투명하게 보여준다.

Azure 보안은 그림 7-5에 나타난 것처럼 다양하고 유동적인 보안 옵션을 제공하므로 조직의 요구 사항을 준수하도록 보안을 맞춤 지정할 수 있다. 운영, 응용프로그램, 스토리지, 네트워킹, 컴퓨팅 및 ID의 여섯 가지 기능 분야로 구성된 기본 내장 기능 목록이 있다.

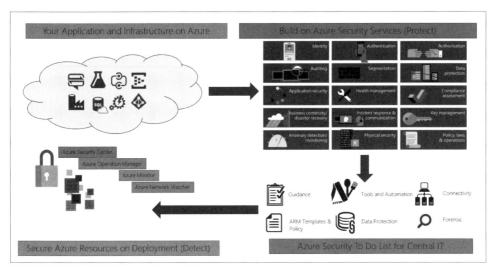

그림 7-5 Azure Security의 개요

운영

보안 및 감사 대시보드는 조직 단위의 보안을 빠르고 명확하게 파악하게 한다. 로그 분석에 대한 보안 홈 스크린이며 컴퓨터 보안과 관련된 정보를 제공한다. 보안 및 감사 대시보드에서 모니터할 수 있는 구성요소는 다음과 같다.

Azure 리소스 관리자

리소스를 그룹으로 처리하며, 모든 리소스를 하나의 작업으로 배포, 업데이트, 삭제할 수 있다. 리소스에 대한 보안과 감사 작업도 제공한다. 기본 배포 템플릿을 만들어 보안 수준을 향상시킬 수도 있다.

Application Insights

응용프로그램을 모니터하고 구성의 변경사항뿐 아니라 발생할 수 있는 오류도 식별할 수 있다.

Azure Monitor

시각화, 쿼리, 라우팅, 경고 자동 크기 조정 및 자동화 기능을 제공한다. 로그에서 보안 이벤트 발생 시 경고가 발생하도록 설정할 수 있다.

Log Analytics

포렌식과 보안 분석에 있어 유용한 측정 기준과 로그를 검토한다. 쿼리 시스템을 이용해 많은 양의 보안 개체를 선별할 수 있다.

Azure Advisor

Azure 배포 최적화에 도움이 되는 개인화된 클라우드 컨설턴트다. 리소스 구성과 원격 측정된 사용내역을 분석하고 보안 권장 사항을 제공한다.

Azure Security Center

데이터 센터의 보안을 강화하고 클라우드의 혼합 작업 부하 전반에 걸쳐 고급 위협 보호를 제공하는 통합 인프라 보안 관리 시스템이다.

응용프로그램

웹 응용프로그램 취약성 스캔을 사용하면, Tinfoil Security와 같은 외부 도구를 사용해 응용프로그램의 취약성을 테스트할 수 있으며 보안을 개선하는 방법을 배우고 보고서를 생성할 수 있다. Azure에서 제공하는 도구와 주요 기능은 다음과 같다.

침투 테스트

Azure 침투 테스트 승인 프로세스를 따르고 테스트를 수행하기 위한 사전 승인을 받을 수 있게 한다.

웹 응용프로그램 방화벽**WAF**

SQL 삽입, 사이트 간 스크립팅 공격, 세션 하이재킹과 같은 일반적인 웹 기반 공격으로부터 웹 응용프로그램을 보호하는 데 도움을 준다.

Azure App Service에서 인증 및 권한 부여

응용프로그램 이면에서 코드를 변경할 필요가 없도록 응용프로그램이 사용자를 로그인할 수 있는 방법을 제공한다.

계층화된 보안 아키텍처

각 응용프로그램에 대해 서로 다른 수준의 네트워크 접근을 제공한다. 보통 일반 인터넷 접근의 목적은 API 이면을 숨기는 것이다.

웹 서버 진단

상세 오류 로그, 실패한 요청 추적 및 웹 서버 로그와 같은 다양한 유형의 로그를 활성화할 수 있다.

응용프로그램 진단

웹 응용프로그램에서 생성된 정보를 수집할 수 있다. 응용프로그램 성능과 응용프로그램 중단이라는 두 가지 주요 이벤트가 있다.

스토리지

역할 기반 접근 제어Role-Based Access Control, RBAC는 Azure 리소스에 대한 접근을 관리하는 방식이다. 특정 범위에서 그룹 및 응용프로그램에 적절한 RBAC 역할을 할당해 권한을 부여한다. 이 서비스에는 다음과 같은 몇 가지 도구와 기능이 있다.

공유 액세스 서명

응용프로그램의 리소스에 대한 위임 접근을 제공한다. 즉, 지정된 기간 동안 지정된 객체에 제한된 권한을 클라이언트에게 부여할 수 있다.

전송 중 암호화

네트워크를 이용해 전송되는 데이터를 보호하는 보안 방식이다. Azure에서는 전송 수준 암호화, 실시간 암호화 또는 클라이언트 측 암호화를 사용해 데이터를 보호할 수 있다.

휴지 상태의 데이터 암호화

Azure의 기능에는 스토리지 서비스 암호화, 클라이언트 측 암호화 및 Azure 디스크 암호화가 있다.

스토리지 분석

로깅을 수행하고 저장소 계정에 대한 측정값 데이터를 제공한다. 이 데이터를 사용해 요청을 추적하고 사용 추세를 분석하고 저장소 계정 문제를 진단할 수 있다.

원본 간 리소스 공유Cross-origin resource sharing, CORS

도메인에서 서로의 리소스에 액세스할 수 있는 권한을 상호 간에 부여할 수 있게 하는 메커니즘이다. Azure 서비스는 CORS를 지원한다.

네트워크 계층 제어

네트워크 액세스 제어는 특정 디바이스 또는 서브넷 간의 연결을 제한한다. 네트워크 액세스 제어의 목표는 VM 및 서비스가 사용자가 액세스하길 원하는 사용자 및 디바이스에만 액세스할 수 있게 하는 것이다. 이 서비스는 다음과 같은 몇 가지 도구와 기능을 제공한다.

네트워크 보안 그룹Network security groups, NSG

서브넷 간에 이동하는 트래픽을 제어하는 데 사용하는 기본 필터링 방화벽

경로 제어 및 강제 터널링

주요 네트워크 보안 및 접근 제어 기능 제공

강제 터널링

서비스가 인터넷상의 장치와 연결을 시작할 수 없도록 보장

사용자 정의 경로

개별 VM 또는 서브넷으로 들어오고 나가는 트래픽의 인바운드 및 아웃바운드 경로를

사용자 지정해 가능한 가장 안전한 경로를 보장

위에서 설명한 설정 및 보안 기술은 OSI 모델의 네트워크 및 전송 계층에서 보안을 제공한다.

Azure 가상 네트워크^{VNet}는 클라우드의 사용자 네트워크를 나타내는 표현이다. 이를 이용해 네트워크 내부의 IP 주소 블록, DNS 설정, 보안 정책 및 경로 테이블을 완벽하게 제어할 수 있다.

VPN Gateway는 공용 연결을 이용해 암호화된 트래픽을 보내는 가상 네트워크 게이트웨이의 한 유형이다.

네트워킹

일반적인 네트워킹 서비스의 경우, 다음과 같은 서비스를 사용할 수 있다.

- Azure ExpressRoute는 전용 프라이빗 연결을 이용해 온프레미스 네트워크를 Microsoft 클라우드로 확장할 수 있는 전용 WAN 링크다. 공용 인터넷을 거치지 않으므로 VPN 기반 솔루션보다 안전하다고 할 수 있다.

- Azure Application Gateway는 HTTP 부하 분산, 쿠키 기반 세션 및 SSL^{Secure Sockets Layer} 암호화를 포함한 부하 분산 및 라우팅 능력을 서비스하는 Application Delivery Controller^{ADC} 기능을 제공한다.

- WAF는 Azure Application Gateway의 기능으로 대부분의 Open Web Application Security Project^{OWASP}의 상위 10 일반 웹 취약점으로부터 웹 응용프로그램을 보호한다.

- Azure Traffic Manager를 사용하면 여러 데이터 센터들 사이에서 클라이언트 트래픽의 분배를 제어할 수 있다. Traffic Manager는 DNS를 사용해 트래픽 라우팅과 종점의 상태를 기반으로 해 클라이언트 요청을 더 나은 종점으로 리디렉트한다. Traffic Manager는 DNS^{Domain Name System}를 사용해 클라이언트 요청을 트래픽 라우

팅 메소드 및 종점의 상태를 기반으로 가장 적절한 종점으로 리디렉션한다.

- Azure Load Balancer는 부하 분산 장치 집합에 정의된 서비스의 정상 인스턴스 간에 들어오는 트래픽을 분산하는 계층 4(TCP, UDP) 부하 분산 장치이다. Azure Load Balancer에는 몇 가지 설정이 있다.
  - 들어오는 인터넷 트래픽을 가상 머신에 부하 분산
  - 가상 네트워크상의 VM 간에 트래픽 부하를 분산
  - 외부 트래픽을 특정 VM으로 전달
- 내부 DNS 및 Azure DNS를 사용하면 웹 사이트 또는 서비스의 이름을 각각의 IP 주소로 환원할 수 있다.
- Azure Security Center는 혼합 클라우드 작업 부하 전반에 걸쳐 통합 보안 관리 및 고급 위협 보호를 제공한다. 위협을 예방, 탐지, 대응하는 데 도움이 되며 Azure 리소스의 보안을 제어하고 보안의 가시성도 높일 수 있게 한다.

모니터링

다양한 사용자 요청을 처리하거나 긴 일괄 처리 계산을 실행하는 클라우드 기반 응용프로그램을 배포할 때마다 진화를 모니터링하는 것이 필수적이다.

각 요청뿐 아니라 시스템에 대한 모든 다른 작업의 로그도 검토하고 분석할 수 있도록 저장해야 한다. 일부 작업이 예상보다 오래 걸리고 한 단계가 전체 시스템에 병목현상을 일으키는 것을 감지할 수 있다. 또한 시스템이 제대로 동작하지 않을 때 기술자가 조치를 취할 수 있도록 자동으로 경고가 표시되길 원할 것이다.

8장에서는 Azure Monitor를 사용해 서버리스 프로젝트가 어떻게 수행되고 있는지 이해하는 데 집중한다.

Azure Monitor

서버리스 솔루션에 Azure 클라우드 인프라를 사용하고 있으므로 Azure Monitor 서비스를 활용할 수 있다.

Azure Monitor는 클라우드 환경에서 원격으로 데이터를 수집, 분석하는 솔루션이다. Azure Monitor를 사용하면 클라우드 응용프로그램이 어떻게 수행되고 있는지 이해하고 영향을 미칠지 모르는 문제를 식별할 수 있다.

프로젝트에 대한 Azure Monitor 설정은 그림 8-1에 나타난 대로 모든 메트릭 및 로그 데이터 저장소, 분석 및 경고 기능, 다른 시스템으로의 로그 전송 등 세 가지 서로 다른 측면으로 나눌 수 있다.

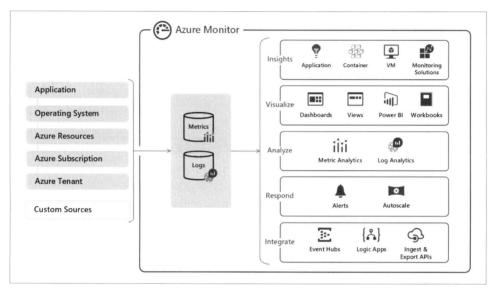

그림 8-1 Azure Monitor의 개요

Azure Monitor에 접근하려면 Azure Portal로 이동해 창 왼쪽의 틀에서 모니터를 선택하거나 '모든 서비스' 섹션에서 찾으면 된다. 그런 다음, 메트릭 및 로그를 검사하고 새 데이터 원본을 설정할 수 있다. 그림 8-2는 Azure Monitor에서 찾을 수 있는 모든 요소를 나타낸 것이다.

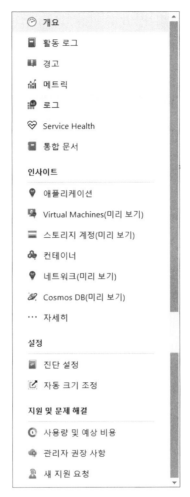

그림 8-2 Azure Monitor

메트릭 및 로그

Azure Monitor는 메트릭과 로그 라는 두 가지 유형의 데이터를 정의한다. 처리된 모든 데이터는 이 두 가지 범주 중 하나에 속한다.

메트릭은 특정 시점에서 시스템의 상황을 설명하는 숫자값이다. 이 데이터는 일반적으로 가벼우며 실시간에 가까운 시나리오로 이용된다. Azure Monitor에는 프로젝트를 유지 보수하는 도중에 이런 종류의 데이터를 관찰할 수 있게 하는 Azure 메트릭 탐색기라는 구성요소가 있다.

로그는 레코드 내에서 서로 다른 속성 집합으로 구성된 다양한 유형의 데이터다. 이런 레코드는 자체적인 질의 언어를 사용해 저장된 데이터를 통합하고 분석하는 Log Analytics에 저장된다.

데이터 원본

Azure Monitor는 자체 클라우드 응용프로그램, 이용하는 Azure 서비스 또는 기타 외부 클라우드 서비스 등 다양한 원본에서 데이터를 가져오고 저장할 수 있다. 모든 원본은 계층별로 구성되며 각 원본에는 다중 유형의 데이터뿐 아니라 해당 데이터를 수집 및 분석하는 서비스까지 있을 수 있다.

각 계층과 해당 서비스 빛 기능은 다음과 같다.

Azure 테넌트

> Microsoft ID 플랫폼과 Azure Active Directory 원격 검침

> Azure Active Directory 감사 로그

>> 로그인 활동 기록 및 특정 테넌트 내에서 변경된 내용의 감사 추적

Azure 플랫폼/구독

> Azure 자체의 상태 및 동작을 나타낸다. 이를 이용하면 사용자 고유의 응용프로그램을 고려하지 않고도 Azure 플랫폼의 동작을 모니터링할 수 있다. 플랫폼이 지연되거나 다운됐다면 응용프로그램이 최적화되지 않았기 때문이 아니라 오히려 플랫폼 자체에 문제가 있을 때가 많다. 이런 경우는 거의 발생하지 않지만, 다음 데이터를 사용하면 Azure

에서 모든 것이 제대로 동작하는지 확인할 수 있다.

Azure Service Health

응용프로그램과 리소스가 동작되는 구독에 대한 Azure 서비스의 상태를 나타낸다.

Azure 활동 로그

Azure 리소스 설정의 변경 사항과 서비스 상태를 기록한 것이다. 권한이 있는 사용자가 서비스 설정을 변경하는 경우 활동에 대한 로그를 검토할 수 있다.

Azure 리소스

Azure 리소스의 내부 동작에 대한 정보를 제공하는 메트릭 및 리소스 수준 진단 로그다.

메트릭

Azure 서비스의 성능과 동작을 관측하는 플랫폼 메트릭이다.

리소스 진단 로그

리소스 자체의 동작을 보여주는 로그다.

모니터링 솔루션

특정 서비스나 응용프로그램의 작업에 추가 정보를 제공하는 데이터다.

게스트 OS

원격 검침을 목적으로 에이전트를 설치해 모니터할 수 있는 Azure 또는 외부 클라우드 공급자의 게스트 OS에 의존하는 컴퓨팅 리소스다.

Azure Diagnostics 확장

Azure 컴퓨팅 리소스의 클라이언트 OS에 대한 기본적인 모니터링 수준을 나타낸다.

Log Analytics 에이전트

Windows, Linux VM 또는 실제 컴퓨터의 포괄적인 모니터링 및 관리 도구다.

종속성 에이전트

VM과 관련된 Service Map 및 Azure Monitor는 Windows 및 Linux VM에 대한 종속성 에이전트가 필요하다. Log Analytics 에이전트와 연동해 VM 및 외부 프로세스 종속성에서 실행되는 프로세스와 관련된 데이터를 수집한다.

응용프로그램

실행되는 플랫폼에 관계없는 응용프로그램의 데이터를 뜻한다. 데이터는 Application Insights를 사용해 수집된다.

응용프로그램 데이터

계측 패키지를 설치하면 응용프로그램 내에서 직접 전송된 로그 데이터를 수집할 수 있다.

종속성

여러 구성요소에서 원격 검침을 수집해야 하는 경우, Application Insights는 분산 원격 검침 상관 관계를 지원한다. 구성요소 간의 종속성을 식별해 함께 분석할 수 있다.

가용성 테스트

공용 인터넷상의 서로 다른 위치에서 응용프로그램의 가용성과 응답성을 테스트할 수 있다.

사용자 맞춤 원본

다른 계층에서 다루지 않지만 수집해야 할 모든 데이터를 나타낸다.

데이터 수집 API

임의의 REST 클라이언트에서 로그 데이터를 수집함으로써 다른 원본을 이용해 원격 검침을 노출하지 않는 리소스까지 모니터링을 확장할 수 있다.

Application Insights

Application Insights는 응용프로그램이 어떻게 수행되고 사용되는지 이해하는 데 도움을 준다. 응용프로그램 성능 관리Application Performance Management, APM 도구이며 응용프로그램에 계측 패키지를 설치해야 사용할 수 있다. 이 패키지는 응용프로그램을 모니터하고 포털로 원격 검침을 보내는데, 응용프로그램에 미치는 영향은 미미하다.

그림 8-3은 여러 구성요소가 있는 웹 응용프로그램이 계측 패키지를 사용해 원격 검침을 Application Insights 서비스로 전송하는 예시를 나타낸 것이다. 경고 생성, Power BI를 사용해 데이터 탐색, Visual Studio IDE 내에서 데이터에 접근, RESTful API 인터페이스를 이용해 데이터 사용, CSV 파일 또는 데이터베이스와 같은 다른 저장소로의 연속 전송을 설정하는 등 다양한 방법으로 데이터를 사용할 수 있다.

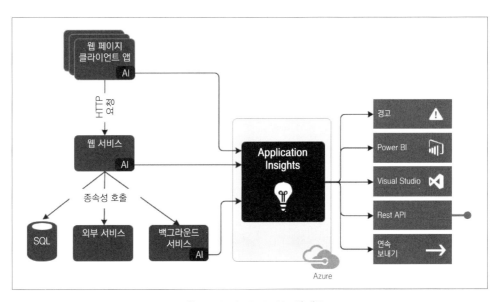

그림 8-3 Application Insights의 개요

컨테이너 및 VM용 Insights

컨테이너용 Azure Monitor는 Azure Kubernetes Service에서 호스팅되는 Azure Container Instances 또는 관리형 kubelets 클러스터에 배포된 컨테이너 작업 부하의 동작을 모니터하는 기능이다.

Metrics API를 이용해 kubelets에서 사용할 수 있는 컨트롤러, 노드, 컨테이너로부터 메모리 및 프로세서 메트릭뿐 아니라 컨테이너 로그도 수집할 수 있다. 이 기능은 사용자 맞춤 머신러닝 컨테이너를 사용해 kubelets 클러스터를 모니터할 때 유용하며, 다음과 같은 작업을 수행할 수 있다.

- 노드에서 실행 중인 컨테이너와 평균 프로세서 및 메모리 사용률을 모니터하고 리소스 병목 현상 식별
- 컨테이너 그룹 및 해당 컨테이너의 프로세서 및 메모리 사용률 모니터
- 컨트롤러 또는 파드상의 컨테이너의 위치를 식별하고 컨트롤러 또는 파드의 전반적인 동작 검토
- 파드를 지원하는 표준 프로세스와 관련 없는 호스트에서 동작하는 작업 부하의 리소스 사용률 검토
- 다양한 부하에서 클러스터의 동작을 인지하고 클러스터가 유지할 수 있는 최대 부하 확인

기본 Azure Monitor 페이지에서 컨테이너 데이터의 Azure Monitor에 접근하거나 Azure kubelets 페이지에서 AKS 클러스터를 선택 또는 선택된 AKS 컨테이너에 접근할 수 있다. VM에도 VM용 Azure Monitor라는 비슷한 서비스가 있다.

Log Analytics

Azure Monitor에서 수집된 로그 데이터는 Log Analytics 작업 영역에 저장된다. 저장소는 서로 다른 원본의 원격 검침을 보유하고 있으며 데이터 탐색기 질의어를 사용해 데이터를 검색, 필터링, 결합 및 분석할 수 있다.

데이터는 Log Analytics 작업 영역의 서로 다른 파티션과 전용 테이블에 저장된다. 데이터에 접근하려면 Application Insights 콘솔 또는 Application Insights REST API를 사용해야 한다.

데이터 탐색기 질의어

Azure Monitor는 데이터 탐색기 질의어를 사용해 Log Analytics 작업 영역에서 데이터를 검색하고 추출한다. 빠른 파악을 위해 작성하는 간단한 질의나 여러 가지 시스템 매개변수를 고려해야 하는 복잡한 질의에서 데이터 탐색기 질의어를 사용할 수 있다.

Data Explorer 질의의 형태는 다음과 같다.

```
requests
| where timestamp > ago(24h) and success=="False"
| join kind=inner (exceptions
  | where timestamp > ago(24h) ) on operation_Id
| project type, method, requestName = name, requestDuration = duration
```

SQL과 비슷한 도표를 사용해 계층 구조로 구성된 개체들을 사용한다. 여기서는 'requests'에 저장된 데이터 중 timestamp 값이 24시간 이전보다 크고 성공하지 못했으며 모니터된 데이터를 선택한다. 이 질의를 24시간 전보다 앞서 동일한 operation_Id 식별자로 기록된 'exceptions'의 데이터와 혼합한다. 또한 프로젝트 유형, 메소드, requestName(name으로 변경), requestDuration(duration으로 변경)을 알고 싶어 한다는 것을 질의에서 나타낸다.

경고

Azure Monitor에서 특정 조건 및 작업에 알림을 설정해 시스템 사용자가 알기 전에 수정할 수 있다.

그림 8-4에 나타난 것처럼 Azure Monitor의 경고 규칙은 여러 규칙에서 공유할 수 있는 고유한 수신인과 작업 목록을 포함하는 action groups를 사용한다. 필요에 따라 action groups는 웹 후크를 사용해 외부 작업을 시작하거나 자체의 IT 서비스 관리 도구와 통합하는 등의 작업을 수행할 수 있다.

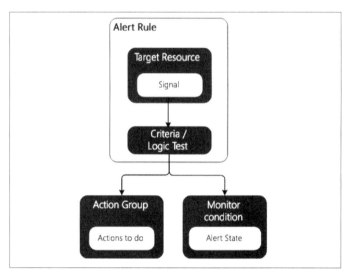

그림 8-4 Azure Monitor 경고 개요

스마트 그룹

경고 작업의 가장 큰 과제 중 하나는 수신된 데이터 내의 실질적인 문제를 식별하는 것이다. 스마트 그룹은 머신러닝 알고리즘을 사용해, 단일 문제를 나타내는 여러 경고를 결합함으로써 자동 생성된다. 경고가 생성되면, 알고리즘은 기록 패턴, 속성의 유사성, 구조적 유사성과 같은 정보를 기반으로 경고를 새 스마트 그룹 또는 기존 스마트 그룹에 추가한다. 스마트

그룹 세부 정보 페이지는 그룹 생성에 사용되는 추론 과정을 비롯해 그룹에 대한 정보를 제공한다.

자동 크기 조정 및 메트릭 경고

자동 크기 조정은 응용프로그램의 부하를 처리하도록 적절한 양의 리소스를 배정받아 실행할 수 있게 해준다. 최소 및 최대 인스턴스 수를 정할 수 있으며 규칙을 설정해 그 두 값 사이에서 자동으로 인스턴스 수를 조정할 수 있다.

메트릭 경고는 하나 이상의 메트릭에 대한 하나 이상의 상태가 참인지를 주기적으로 검토한후 조건이 충족되면 알림을 보낸다. 모니터할 대상 리소스, 메트릭 이름, 상태, 조건 및 경고규칙이 실행될 때 트리거 될 작업 그룹을 지정하면 메트릭 경고 규칙을 정의할 수 있다.

찾아보기

지능형 클라우드 애플리케이션 구축

Azure 서버리스 아키텍처를 활용한 확장성 있는 AI 모형 개발하기

발 행 | 2020년 1월 31일

지은이 | 비센테 헤레라 가르시아 · 존 빅스
옮긴이 | 우 병 오 · 우 요 셉

펴낸이 | 권 성 준
편집장 | 황 영 주
편 집 | 이 지 은
디자인 | 박 주 란

에이콘출판주식회사
서울특별시 양천구 국회대로 287 (목동)
전화 02-2653-7600, 팩스 02-2653-0433
www.acornpub.co.kr / editor@acornpub.co.kr

이 도서의 국립중앙도서관 출판시도서목록(CIP)은 서지정보유통지원시스템 홈페이지(http://seoji.nl.go.kr)와
국가자료공동목록시스템(http://www.nl.go.kr/kolisnet)에서 이용하실 수 있습니다.(CIP제어번호: CIP2020002120)

책값은 뒤표지에 있습니다.